# 中国企业社会责任报告编写指南4.0

## 之

## 一般采矿业

中国社会科学院经济学部企业社会责任研究中心
中国黄金集团有限公司

钟宏武　刘　冰/顾问

苏志远　李晓峰　朱念锐　汪　杰　黄晓娟　等/著

经济管理出版社
ECONOMY & MANAGEMENT PUBLISHING HOUSE

**图书在版编目（CIP）数据**

中国企业社会责任报告编写指南 4.0 之一般采矿业/苏志远，李晓峰等著. —北京：经济管理出版社，2018.10

ISBN 978-7-5096-6075-1

Ⅰ.①中…　Ⅱ.①苏…　②李…　Ⅲ.①矿业—企业责任—社会责任—研究报告—中国

Ⅳ.①F426.1

中国版本图书馆 CIP 数据核字（2018）第 240761 号

组稿编辑：陈　力
责任编辑：陈　力
责任印制：高　娅
责任校对：王纪慧

出版发行：经济管理出版社
　　　　　（北京市海淀区北蜂窝 8 号中雅大厦 A 座 11 层　100038）
网　　址：www. E-mp. com. cn
电　　话：（010）51915602
印　　刷：三河市延风印装有限公司
经　　销：新华书店
开　　本：720mm×1000mm/16
印　　张：16.25
字　　数：273 千字
版　　次：2018 年 11 月第 1 版　2018 年 11 月第 1 次印刷
书　　号：ISBN 978-7-5096-6075-1
定　　价：68.00 元

# 《中国企业社会责任报告编写指南 4.0 之一般采矿业》专家组成员

顾　问：

　　钟宏武（中国社科院经济学部企业社会责任研究中心主任）

　　刘　冰（中国黄金集团有限公司董事、总经理、党委副书记）

组　长：

　　苏志远（中国黄金集团有限公司企业管理部（信息化管理部）总经理）

　　李晓峰（中国黄金集团有限公司企业管理部（信息化管理部）副总经理）

　　汪　杰（责任云社会责任机构总经理、《指南 4.0》秘书长）

成　员：（按姓氏拼音排序）

　　包斯日古楞（中国兵器工业集团有限公司安全环保部副巡视员）

　　陈小竹（中国黄金集团江西金山矿业有限公司总经理）

　　段玉良（河北东梁黄金矿业有限责任公司党委书记、总经理）

　　高　荣（中国黄金集团贵州有限公司经理；贵州锦丰矿业有限公司党委书记、董事长）

　　高世贤（湖北三鑫金铜股份有限公司党委书记、董事长）

　　关士良（西藏华泰龙矿业开发有限公司党委书记、董事长）

　　黄晓娟（责任云社会责任机构项目部部长）

　　康春德（中国黄金集团内蒙古矿业有限公司总经理）

　　康祥均（云南恒业志绅矿业公司总经理）

　　李　瑨（中国黄金报社企业社会责任中心主任）

　　李大伟（中国黄金集团有限公司企业管理部（信息化管理部）品牌管理处）

　　马光宇（中国黄金集团有限公司企业管理部（信息化管理部）副总经理、高

级经理）

聂霄萌（责任云社会责任机构咨询顾问）

牛艳萍（中国黄金内蒙古矿业有限公司副总经理）

乔广军（潼关中金冶炼有限责任公司总经理）

申学礼（河南中原黄金冶炼厂有限责任公司党委书记）

石玉君（中国黄金内蒙古矿业有限公司董事长）

王　海（中国电力建设集团有限公司办公厅综合处处长）

王　平（西藏华泰龙矿业开发有限公司总经理）

王友元（湖北三鑫金铜股份有限公司总经理）

王泽程（国资委综合局社会责任处副处长）

魏秀丽（北方工业大学经济管理学院教授）

杨中利（中国黄金集团有限公司纪委副书记、纪检监察部经理）

张安夏（河南金渠黄金股份有限公司党委书记、董事长）

张化武（苏尼特金曦黄金矿业有限责任公司党委书记、董事长）

张伟元（中国南方电网有限责任公司企业文化部社会责任处处长）

朱念锐（中国黄金集团有限公司企业管理部（信息化管理部）品牌管理处处长）

# 开启报告价值管理新纪元

本土标准是引领中国企业社会责任报告发展的重要工具。2009 年，《中国企业社会责任报告编写指南（CASS-CSR1.0）》（简称《指南 1.0》）发布，此后两次升级到 3.0 版本。2016 年，400 余家中外大型企业参考了《指南 3.0》，《指南 3.0》成为全球报告倡议组织（GRI）官方认可的全球唯一国别报告标准，有力地提升了中国在国际社会责任运动中的话语权。在"共建共享"的理念指导下，经过两次升级，报告编写指南不断与时俱进，完成了从"基本可用"到"基本好用"的转变。

过去 3 年，企业社会责任报告实践发生深刻变化。一方面，编写社会责任报告的企业数量仍在稳步增长，总量接近 2000 家，但增长幅度较之前有了明显下降；另一方面，从技术上讲，我国社会责任报告的质量越来越高，在报告框架结构、主题内容、语言风格、表现形式等各方面取得长足进步。与此同时，一些企业却打破每年发布社会责任报告的"惯例"，终止发布报告或延长报告发布周期，甚至出现"报告无用论"。报告价值何在，成为亟待回答的问题。

为适应新形势、新要求，进一步提升指南适用性和解释力，推动我国企业社会责任报告在更大程度、更广维度发挥作用，2016 年 9 月，中国社科院企业社会责任研究中心启动《指南 4.0》修编工作。在充分研究和讨论的基础上，对《指南 3.0》进行较大程度创新。总体而言，《指南 4.0》具有以下特点：

第一，定位由"报告编写指南"到"报告综合指南"。《指南 1.0》《指南 2.0》解决了报告内容管理问题，《指南 3.0》解决了报告流程管理问题，《指南 4.0》解决了报告价值管理问题。"三位一体"的管理体系，使得《指南 4.0》对社会责任报告的指引超出了报告编制范围，成为一本全方位综合指南。

第二，首倡社会责任报告价值管理。社会责任报告究竟有什么价值，这些价值是如何发生的，应该通过什么手段更好地发挥报告价值仍然困扰着中国企业。

《指南 4.0》明确加强报告价值管理，使报告真正起到对内强化管理、对外提升品牌的作用。

第三，构建"1+M+N"指南家族。在《指南 4.0》修编过程中，将继续采取"逐行业编制、逐行业发布"模式；同时，在当前部分社会责任议题重要性凸显和越来越多企业发布社会责任议题报告的背景下，在《指南 4.0》修编过程中，还将采取"逐议题编制、逐议题发布"模式。从而构建 1（基础框架）+N（分行业指南）+M（分议题指南）指南系列，进一步提升了指南系统性和适用性。

第四，内容更科学适用。《指南 4.0》对理论框架进行了重新梳理，对每个维度下的具体指标进行了增、删、合并调整，着重吸纳了社会责任最新政策和最新标准，同时提升了指标展开的逻辑性和内容的准确性；同时，指南还进一步优化了报告流程，并根据全书体系需要对流程进行了增删调整。对每一个流程下的方法论进行了更细化的描述，可操作性进一步增强。

把握大势、应运而生。《中国企业社会责任报告编写指南（CASS-CSR4.0）》在继承了《指南 1.0》《指南 2.0》《指南 3.0》的优秀成果，吸纳了最新社会责任政策、标准、倡议和广大社会责任同仁的思想智慧后，正式推出。我们相信，更加与时俱进的《指南 4.0》必将在内容上、流程上给社会责任报告带来全新提升。更重要的是，帮助企业更好地发挥报告价值，开启报告价值管理新时代，让社会责任报告焕发新的生命力！

**2018 年 3 月**

# 目　录

# 第一章 《中国企业社会责任报告编写指南（CASS-CSR4.0)》简介

## 一、理论基础

《中国企业社会责任报告编写指南（CASS-CSR4.0)》创造性地提出企业社会责任"方圆模型"（见图 1-1），对传统的"四位一体"企业社会责任模型（见图 1-2）进行了较大幅度改造。没有规矩，不成方圆，模型名称寓意塑造企业社会责任的基本范式。模型外圆内方，内部是责任管理及其构成要素；外部是责任实践及其构成要素。

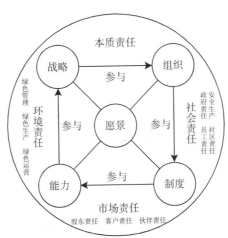

**图 1-1 《中国企业社会责任报告编写指南 4.0》——社会责任方圆模型**

该模型一如既往突出了责任管理的重要作用，认为责任管理是企业履行社会责任的重要保障，是企业社会责任的重要内容。责任管理包括愿景、战略、组织、制度、能力和参与。其中，愿景是原点和初心，也是目标和归属；战略、组织、制度和能力是实现愿景的四大管理支柱；参与贯穿于社会责任管理的全流程。

该模型对"四位一体"模型中的责任实践部分进行了丰富，纳入了"本质责任"。"四位一体"模型及其背后的"三重底线"理论，只规定了社会责任实践的基本领域，却没强调社会责任实践的重点方向。本质责任不是新的责任领域，而是具体到特定企业，在国家战略、社会需求、行业定位、企业禀赋等综合因素决定下，原有的，归属到市场、社会或环境领域的某些责任议题对国家、社会和企业可持续发展的战略意义凸显。本质责任因企业所处的行业不同而各不相同，因此，在一般框架中，将不纳入本质责任的指标。在分行业社会责任指南修订的过程中，将详细研发该行业的本质责任指标。

"方圆模型"以责任愿景为原点，明确企业社会责任工作目标；以责任管理为重点，夯实企业社会责任工作基础；以本质责任为牵引，以市场责任为依托，以社会责任和环境责任为两翼，构成了企业社会责任的行动逻辑和完整生态。

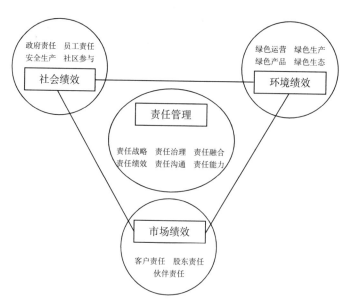

图 1-2 "四位一体"传统社会责任理论模型

# 二、新版特点

## （一）范围更全面

按照工作推进逻辑，围绕企业社会责任报告有四个核心问题：第一，为什么需要编制社会责任报告（价值）；第二，报告该披露哪些内容（指标）；第三，如何高效开展报告编制工作（流程）；第四，报告是否达到预期，是否值得编制（价值）。《指南1.0》和《指南2.0》解决了第二个问题，即明确在编写社会责任报告过程中应考虑哪些内容和指标。《指南3.0》解决了第三个问题，即明确社会责任报告编写的全过程包含哪些主要环节，在不同的环节应该如何开展工作。《指南4.0》则明确了社会责任报告包含哪些价值，企业如何更好地发挥报告价值。因此，《指南4.0》已经由编写指南升华为报告内容、流程、价值综合指南。

## （二）亮点更突出

中国企业编制社会责任报告的历史可追溯到10多年之前。时至今日，企业对于社会责任报告应该披露哪些内容；社会责任报告应该按照什么流程编制已经有了较为清楚的认识。但是，社会责任领域一直探索的社会责任报告的价值问题，却仍然困扰着绝大多数的中国企业。社会责任报告究竟有什么价值，这些价值是如何产生的，应该通过哪些手段更好地发挥报告的价值是现阶段社会责任报告发展过程中亟待解决的问题。价值是社会责任报告编制的出发点和落脚点。《指南4.0》明确加强社会责任报告价值管理，通过系统分析，利用专业手段，使报告真正达到对内强化管理、对外提升品牌的作用，赋予报告"生命力"。

## （三）领域更系统

鉴于不同行业社会责任内涵和外延的显著差异，为提升分行业指南的科学性和适用性，在《指南4.0》的修编过程中，将继续采取"逐行业编制、逐行业发布"的模式；同时，在当前企业社会责任向纵深发展、部分社会责任议题重要性凸显和越来越多企业发布社会责任议题报告的背景下，在《指南 4.0》的修编过程中，还将采取"逐议题编制、逐议题发布"的模式。从而构建 1（基础框架）+ N（分行业指南）+ M（分议题指南）的指南系列，进一步提升指南的系统性和适用性。

### （四）内容更科学

指标上，《指南 4.0》在编写过程中对指标体系进行了大幅更新，合并《指南 3.0》中重复的指标，精简《指南 3.0》冗杂的指标，更新部分指标的描述解释。对原有指标体系中的报告前言、责任管理、环境绩效三个板块子指标进行重新调整分类；广泛吸纳社会责任最新倡议、指标或指南，融合了包括全球报告倡议组织（GRI）社会责任指标 G-standards、联合国可持续发展目标（SDGs）和香港联交所《环境、社会及管制报告指引》（ESG）等国内外最新主流指标体系；并结合了中国社会责任政策趋势。

流程上，企业社会责任在中国经过 10 多年发展，发布社会责任报告的企业逐年增加。编制报告作为社会责任管理体系中的重要专项工作，部分企业仍然对如何科学、系统地编制一本社会责任报告存在疑惑。因此，《指南 3.0》中首次提出通过对社会责任报告进行全生命周期管理，充分发挥报告在加强利益相关方沟通、提升企业社会责任管理水平两方面的作用。在《指南 4.0》中，我们进一步优化报告过程管理，将原有的 7 过程要素变更为 8 过程要素，进一步理清报告编写脉络，并明确各阶段任务和目标，以期有效提升社会责任报告质量。

# 三、指南使用

## （一）参考《指南 4.0》的指标体系编写报告

企业在编写社会责任报告过程中，按照《指南 4.0》确定的议题和指标确定本企业社会责任报告框架和内容，并提供报告内容与《指南 4.0》指标体系的索引表。

## （二）严格按照《指南 4.0》的流程编写报告

企业在编写社会责任报告的过程中，严格按照《指南 4.0》确定的报告流程编写报告，扎实完成报告编写各个环节，重视流程管控，提升报告质量。

## （三）严格按照《指南 4.0》的方法提升报告价值

企业在编制报告的过程中和报告编制完成后，严格按照《指南 4.0》确定的方法管理报告的价值。做好利益相关方的重点回应、过程参与和影响传播，实现报告价值。

## （四）申请参加"中国企业社会责任报告评级"

报告评级是对企业社会责任报告的第三方认证，鼓励企业按照《指南 4.0》编写报告后向中国企业社会责任报告评级专家委员会申请评级。

# 四、第三方质量保证

第三方质量保证的目的是改善社会责任报告的可信度，弥合报告企业与报告读者之间的信任鸿沟，最终提升社会责任报告的有用性。第三方质量保证根据保证提供的主体不同，通常有以下三种方式：

● 由有影响力的利益相关方或者社会责任领域专家发表的第三方评论。评论的内容主要包括对企业管理、业绩和社会责任进展的意见和建议，但不包括对报告信息的质量等问题发表正式结论。

● 由行业协会、咨询机构等非专业机构提供的第三方评论。评论的内容主要包括对企业管理业绩、社会责任进展的意见和建议，有些评论包括对企业社会责任报告质量的评论，但这些结论通常是非正式的。

● 由专业验证机构提供的正式验证声明，并出具验证报告。该声明是系统的、以证据为基础的结果，验证人员根据报告质量和数据得出正式结论。

目前，国际上应用最为广泛、影响力最大的标准是由国际审计与鉴证准则委员会（International Auditing and Assurance Standard Board, IAASB）发布的 ISAE3000 和 Accountability 发布的 AA1000 审验标准。在国内，应用最为广泛的第三方质量保证标准是由中国社会科学院经济学部企业社会责任研究中心发布的《中国企业社会责任报告评级标准》。

## （一）ISAE3000 标准

ISAE3000 标准主要指"适用于对历史信息以外的其他财务资料的审验的验证服务国际标准"。该标准主要有如下特点：

第一，将审验保证程度分为合理保证和有限保证。该标准规定，所有的外部审验活动都应说明其程序的保证程度，以缩小信息使用者对审验可靠性的期望与其实际效力之间的差距，允许审验人员在合理保证或有限保证两个不同层次的保证基础上对报告信息做出保证。

第二，取消对报告标准的限制。由于社会责任报告在国际上并未形成强制性标准，不同国家和地区的社会责任标准也不尽相同，所以 ISAE3000 取消了对报告标准的限制，即当审验人员不清楚报告编制标准或标准不充分的情况下也可以接受该验证任务。

第三，审验声明的形式。审验人员在签署最后声明时应清楚阐述他们从被审验文件的信息中所得到的结论。在有限保证时，这一判断必须用消极方式表述，即对所收集要素的测试并不意味着该公司完全、真实、准确地报告了其业绩；在合理保证时，应采取积极方式描述。

## （二）AA1000 系列标准

AA1000 系列标准的目的是提高组织在可持续发展方面的业绩表现，它包括一套创新性的标准、指引和使用者附注。现行的 AA1000 系列标准由三个标准组成：AA1000 原则标准（AA1000APS）、AA1000 审验标准（AA1000AS）和 AA1000 利益相关方参与标准（AA1000SES）。AA1000 审验标准具有如下特点：

第一，将利益相关方置于审验的核心。AA1000 审验标准是评价一个组织是否对其利益相关方尽责的有力衡量标准，把利益相关方置于审验的核心，并特别关心他们的意见和反馈。审验程序所带来的价值增值，无论对内部管理者还是外部利益相关者来说都是至关重要的。

第二，具有充分的灵活性。AA1000审验标准为社会责任审验提供了一个严格的框架，同时又为其适应不同组织机构环境提供了充足的灵活性。

第三，全方位的审验标准。AA1000审验标准为组织机构提供了在不同认证体系内获取信息并起作用的途径，这些体系包括可持续发展的一些特定方面，比如可持续森林管理认证体系、公平贸易标签体系或环境管理体系。它提供了一个可信赖而又客观的平台，这个平台使可持续的非财务因素与传统的财务报告和审验联系起来。

## （三）《中国企业社会责任报告评级标准》

《中国企业社会责任报告评级标准》是由中国社会科学院经济学部企业社会责任研究中心联合国内社会责任研究专家共同研发的报告评级标准。自2009年中国企业社会责任报告评级专家委员会成立以来，迄今为包括中央企业、地方企业、民营企业和外资企业在内的400份社会责任报告进行评级。特别是2016年评级企业当年突破65家，五星级报告由2015年的23家增至31家，评级专家委员会"科学、公正、开放"的评价结果和工作模式得到了社会各界的一致好评。

**【评级主体】**

中国企业社会责任报告评级专家委员会是企业社会责任报告评级的领导机构与执行机构，是由中国企业社会责任研究及实践领域的专家组成的开放性机构。委员会采取开放、灵活的工作模式，根据申请报告评级企业的行业属性等特征，选取3名委员组成评级专家委员小组。报告内容评级之前，由评级事务联络人组成的资料审核小组赴企业所在地，对企业社会责任报告的流程和价值做实地评估，将评估结果与企业社会责任报告一并提交专家，专家委员小组对报告分别进行总体评级，由评级小组组长综合专家意见确定报告最终级别、出具评级报告。根据企业要求，委员会可组织专家与企业就提高社会责任报告质量、规范社会责任报告编制流程等问题进行深入沟通。

**【评级流程】**

（1）企业根据自愿原则向中国社会科学院经济学部企业社会责任研究中心提出正式的报告评级申请，并与中心达成报告评级协议。

（2）在评级专家委员会中抽取专家成立报告评级小组，报告评级小组由专家委员和评级事务联络人组成，联络人一般由中心工作人员组成，完成实地评估。

（3）评级事务联络人赴企业所在地对其社会责任报告流程和价值进行评估，评估结果交评级小组参考。

（4）专家委员小组成员根据评级标准和《中国企业社会责任报告编写指南（CASS-CSR 4.0)》对企业社会责任报告分别进行打分。

（5）评级小组组长综合专家意见后形成评级报告，委员会主席审签。

（6）组织专家与企业进行后续沟通及报告改进。

中国企业社会责任报告评级流程如图 1-3 所示。

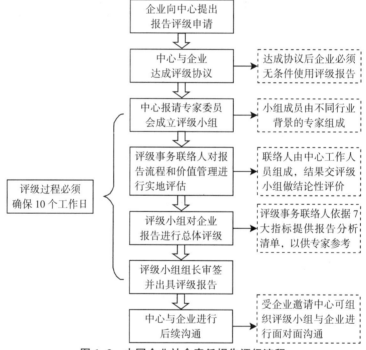

图 1-3 中国企业社会责任报告评级流程

# 五、指南生态

中国社科院企业社会责任研究中心自 2009 年推出《指南 1.0》以来，以指南为基础，已经衍生研发出《中国企业社会责任蓝皮书》《中国企业社会责任报告白皮书》等权威学术著作，总结中国年度社会责任进展，展望未来发展趋势；以指南为依据，开展"中国企业社会责任报告评级"，建立权威的社会责任报告评价体系，为企业更好地编写社会责任报告做出专业指导；同时，围绕企业社会责任报告，搭建高端平台，组织高端会议，促进企业社会责任报告交流与合作。逐步形成以指南为核心，服务权威著作，延伸专业评价，支撑高端平台和活动的指南使用生态系统，如图1-4所示。

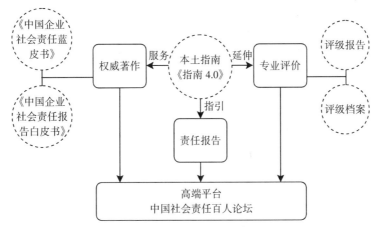

图1-4 指南生态系统

## （一）指南与《中国企业社会责任蓝皮书》

《中国企业社会责任蓝皮书》以指南为依据，结合年度CSR发展新趋势、新特点，开发社会责任评价指标体系，通过公开渠道收集企业社会责任信息，在对指标进行赋权的基础上形成年度社会责任发展指数。

企业社会责任发展指数是对企业社会责任管理体系建设的现状和社会/环境信息披露水平进行评价的综合指数，根据评价对象的不同可产生不同的指数分类，进而形成中国企业社会责任发展系列指数。自2009年起中国社科院经济学部企业社会责任研究中心每年编著《中国企业社会责任蓝皮书》，形成《中国企业社会责任研究报告》，发布中国企业社会责任发展指数，评价年度的社会责任管理状况和社会/环境信息披露水平，辨析中国企业社会责任发展进程的阶段性特征，为深入研究中国企业社会责任现状提供基准性参考。研究报告对中国企业300强、国有企业100强、民营企业100强、外资企业100强、省域国有企业以及 16 个重点行业的企业社会责任发展水平进行评价，研究中国企业社会责任年度最新进展，以期促进中国企业社会责任又好又快发展，如图 1-5 所示。

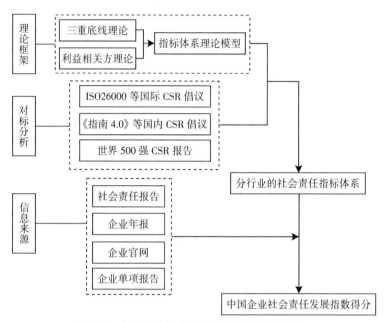

**图 1-5　中国企业社会责任发展指数研究路径**

【成果特点】

影响广泛：中国企业社会责任领域最具权威性的研究，每年均得到中央电视台、新华网、人民网等数十家新闻媒体的持续跟踪报道，社会影响广泛。

解读权威：以中国 100 强系列企业为研究对象，详细解读了不同性质企业在社会责任方面的阶段性特征；以电力、银行等 10 多个重点行业为研究对象，探究不同行业社会责任管理水平和社会责任信息披露水平。

行业领先：研究成果得到国内外大型企业和各大行业广泛关注及评价，成为中国企业社会领域领先的行业性研究成果。

## （二）指南与《中国企业社会责任报告白皮书》

自 2011 年开始，中国社科院经济学部企业社会责任研究中心与新华网连续六年联合发布《中国企业社会责任报告白皮书》。报告以《中国企业社会责任报告编写指南（CASS-CSR4.0)》和《中国企业社会责任报告评级标准》为评价依据，以企业社会责任报告的信息披露质量及报告管理水平为评价内容，对年度发布的所有报告进行逐一评价，分析我国企业社会责任报告发展阶段性特征。多角度、全方位反映我国企业社会责任报告的阶段性特征。

**【成果特点】**

影响广泛：数十家新闻媒体专版报道，业内影响力大。

解读权威：从发布数量、分布地域、企业性质、所在行业、报告篇幅、参考标准、报告内容等角度，辨析每年中国企业社会责任报告的最新进展，进一步推动报告水平的提升。

案例丰富：选取行业前沿的企业如中石化集团、国家开发投资公司、中国三星、现代汽车等企业社会责任报告的优秀案例，供参考借鉴。

## （三）指南与"中国企业社会责任报告评级"

"中国企业社会责任报告评级"是由中国社会科学院企业社会责任研究中心发起成立"中国企业社会责任报告评级专家委员会"所提供的一项专业服务，依据《中国企业社会责任报告编写指南》和《中国企业社会责任报告评级标准》，对企业年度发布的社会责任报告进行评级并出具评级报告。旨在通过报告评级向企业提供专业意见，为企业社会责任工作提供智力支持，改进我国企业社会责任工作现况；以报告促管理，充分发挥报告在利益相关方沟通、企业社会责任绩效监控方面的作用，将报告作为提升公司社会责任管理水平的有效工具。

**【成果特点】**

专家权威："中国社会责任报告评级专家委员会"由来自国务院国资委、国务院扶贫办、中国社会科学院、清华大学、中山大学、中企联、中电联、联合国全球契约网络、中国企业公民委员会、新华网等机构的知名社会责任专家组成。

评价全面：对报告的内容维度、流程维度、价值维度和创新维度进行全方位评级，出具专家签署的评级报告。最终结果通过星级呈现，分别为五星级（卓越）、四星半级（领先）、四星级（优秀）、三星半级（良好）等。

建议专业：评估人员赴参评企业进行面对面沟通，指导企业社会责任报告管理工作；评级专家对社会责任报告"把脉"，出具《报告评级改进建议书》，提升报告质量。

推广多元：通过《中国企业社会责任报告白皮书》（已连续发布 6 年）、社会责任领域高端峰会、责任云微信公众号、评级档案等方式进行全方面宣传和展示企业报告与履责实践。

【成果回顾】

截至 2017 年 10 月底，评级专家委员会已经为 400 份社会责任报告提供评级，报告评级服务已经成为国内最权威、受企业广泛认可的企业社会责任报告第三方评价，如表 1-1 所示。

表 1-1  部分成果

| 2010 年 (10 家) | 2011 年 (22 家) | 2012 年 (43 家) | 2013 年 (60 家) | 2014 年 (61 家) | 2015 年 (65 家) | 2016 年 (66 家) | 2017 年 (73 家) |
|---|---|---|---|---|---|---|---|
| 中石化集团 | 南方电网 | 中石化股份 | 中国建材 | 中国移动 | 中国石化 | 中国华电 | 中国移动 |
| 中石化股份 | 中国电信 | 中国华能 | 中国建筑 | 中国海油 | 神华集团 | 中国一汽 | 中国人保 |
| 民生银行 | 中国华能 | 中国铝业 | 中煤集团 | 中粮集团 | 北控集团 | 中国建筑 | 中国交建 |
| 中国华能 | 中石化集团 | 华润集团 | 中国海油 | 中航工业 | 国投 | 中国建材 | 海立股份 |
| 中国华电 | 中石化股份 | 神华集团 | 中国联通 | 中国交建 | 光大银行 | 远洋集团 | 丰田 (中国) |
| 中国大唐 | 中国黄金 | 中国电科 | 中国电子 | 国机集团 | 三元食品 | 佳能 (中国) | 华润电力 |
| 中钢集团 | 远洋地产 | 新兴际华 | 北汽集团 | 海航集团 | 台达中国 | 松下 (中国) | 保利协鑫 |
| 南方电网 | 中国电科 | 广东粤电 | 三星中国 | 松下 (中国) | 上汽大众 | 现代汽车 | LG 化学 (中国) |
| 马钢集团 | 中国兵装 | 佳能 (中国) | 斗山 (中国) | 丰田 (中国 ) | LG 化学 (中国) | 民生银行 | 佳能 (中国) |
| 鞍钢集团 | …… | …… | …… | …… | …… | …… | …… |

## （四）中国社会责任百人论坛

《指南 4.0》以及由指南支撑的权威著作《中国企业社会责任蓝皮书》《中国企业社会责任报告白皮书》，由指南延伸的专业评价和由指南指引的社会责任报告都将在中国社会责任百人论坛框架下，进行价值延伸。通过责任百人会议发布相关成果，通过责任百人文库打造成果品牌，通过责任百人讲堂进行成果分享，通过责任百人调研提升成果影响。

"中国社会责任百人论坛"（以下简称"责任百人论坛"）（英文名称为：China Social Responsibility 100 Forum），是由致力于推动中国社会责任发展的专家学者、企业家、社会活动家等自发建立的公益性机制，是中国社会责任领域的高端平台。

责任百人论坛通过持续举办重点热点问题研讨会、重要成果发布会等，实现汇聚责任思想、共享责任成果、提升履责绩效的论坛宗旨，为政府推进社会责任发展建言献策，为企业履行社会责任指明方向，助力中国走出一条经济繁荣、社会进步、环境优美的可持续发展之路，携手共筑"中国梦"。

责任百人论坛主要活动：

● 责任百人会议

◆ 年会。每年 1 月举办，总结年度工作，发布年度重要成果，讨论新一年工作计划。北京社会责任展持续组织并发布中国企业在社会责任、公益扶贫、标准、行业等年度研究报告，并设立主题展厅，展现优秀企业社会责任实践。

◆ 重大热点研讨会。发布论坛成员的重要研究成果，就重大热点社会/环境问题进行深度研讨，为社会责任事业的发展建言献策。

● 责任百人文库

◆ 社会责任系列研究报告。开展社会责任蓝皮书、公益蓝皮书、企业扶贫蓝皮书、汽车行业社会责任蓝皮书、报告编写标准、海外社会责任、上市公司社会责任蓝皮书等一系列研究。

◆ 百人论坛会刊。汇编每期会议精彩演讲，摘录年度重要成果，定期出版发布。

● 责任百人讲堂

组织开展公益讲堂、责任官、MBA 系列社会责任培训和讲座。

● 责任百人调研

组织开展走进理事单位、分享责任中国行等社会责任调研和交流活动。

**中国社会责任百人论坛发起人名单（截至 2018 年 1 月）**

李　扬　中国社科院学部委员、国家金融与发展实验室理事长

解思忠　原国务院国资委监事会主席

彭华岗　国务院国有资产监督管理委员会副秘书长

欧晓理　国家发改委西部司巡视员

郭秀明　工业和信息化部政策法规司副巡视员

张晓刚　国际标准化组织（ISO）主席

刘兆彬　中国质量万里行促进会会长

曹宏瑛　中国外商投资企业协会常务副会长

李　玲　中国外商投资企业协会副会长

王幼燕　中国电子信息联合会副秘书长


宋志平　中国建材集团有限公司董事长

王小康　全国政协委员、原中国节能环保集团公司董事长

郑崇华　台达集团创办人暨荣誉董事长

刘　冰　中国黄金集团有限公司董事、总经理、党委副书记

史正江　中国南方电网公司党组副书记、副总经理

蓝　屹　华润集团秘书长、办公厅主任

陈建军　圣象集团总裁

张　凯　松下电器（中国）有限公司副总裁


潘家华　中国社会科学院城市发展与环境研究所所长

黄群慧　中国社会科学院工业经济研究所所长

张　翼　中国社会科学院社会发展战略研究院院长、党委书记

邓国胜　清华大学公益慈善研究院副院长

张洪忠　北京师范大学新闻传播学院副院长、教授

吕　朝　恩派（NPI）公益组织发展中心创始人、主任

宝　山　北大纵横管理咨询集团高级合伙人

吕建中　博然思维集团合伙人

钟宏武　中国社科院企业社会责任研究中心主任（论坛秘书长）

张　蒽　中国社科院企业社会责任研究中心常务副主任

● 中国社会责任百人论坛理事会

责任百人论坛设立企业理事会，吸纳在行业内有一定影响力，具有较强社会责任感和良好声誉的企业加入。

**中国社会责任百人论坛理事会单位名单（截至 2018 年 1 月）**

理事长单位：

中国石化、国投、招商局、华润集团、南方电网、东风汽车、中国一汽、中国华电、中国电建、中国旅游集团、中国黄金、华润电力、民生银行、阿里巴巴、海航集团、伊利、圣象集团、三星（中国）、现代汽车、台达集团、松下（中国）、LG 化学（中国）

副理事长单位：

中国兵工、中国移动、华润健康、安利（中国）

责任百人论坛设立秘书处，作为日常办事机构。

● 责任百人论坛活动大事记

◆ 2016 年 10 月责任百人论坛正式成立，以国内知名社会责任领域专家学者、企业家等作为发起人，以优秀中外企业为理事单位，通过持续举办重点热点议题研讨会、重要成果发布会等，实现汇聚责任思想、共享责任成果、提升履责绩效的论坛宗旨，为政府推进和企业履行社会责任建言献策，助力美丽中国建设。

◆ 2017 年 1 月，召开"中国社会责任百人论坛——第五届分享责任年会"，会上举行责任百人论坛成员聘任仪式；首次发布《中资企业海外社会责任蓝皮书（2016~2017）》《中国电建印尼可持续发展报告》和《中国企业社会责任年鉴（2016）》，连续第 8 年发布《中国企业社会责任研究报告（2016）》等多项研究成果，受到央视等主流媒体的争相报道，在行业内引起极大反响。

◆ 2017 年 2 月 27 日，"责任百人咖啡——《中国社会责任百人论坛》首发式暨首届 CSR 报告沙龙"在北京社科 1978 咖啡馆举办，来自政府部门、教研机构、国内外大型企业等机构代表 60 余人参加。

◆ 2017 年 3 月，举办首届中国企业社会责任百人讲堂暨中国社会科学院研究生院 MBA《企业社会责任》必修课，致力于推动中国企业社会责任知识普及和责任意识提高，受益学员累计达 150 人。

◆ 2017 年 5 月，举办首届"中国社会责任百人论坛——'可感知的'责任品牌创享会（2017)"，旨在携手共探我国企业责任品牌建设问题，推动中国企业责任品牌更好、更快发展。活动组织策划开展了"首届您心目中最牛责任品牌"微信投票活动，会上正式公布了首届"您心目中最牛责任品牌"评选结果，整个活动阅读量超过 100 万次，共有782099 人参与，收到投票 525034 张。同日下午，召开首届理事会单位闭门会。

◆ 随着《巴黎协定》正式生效，应对气候变化成为全球共同关注的热点问题。2017 年 6 月 16 日在北京艾维克酒店召开首届《中国企业应对气候变化自主贡献研究报告》发布会。发改委、社科院等机构专家和优秀企业代表共同分享和探讨节能降碳政策、理论和实践，会上发布《中国企业应对气候变化自主贡献研究报告》，并为入选研究报告优秀案例的企业颁发证书。

◆ 2017 年 8 月 9~11 日，"中国社会责任百人讲堂——第九期责任官公益培训计划"在苏州开讲，广泛传播企业社会责任理念，提升企业社会责任意识，参与培训学员达 200 人，首次创新责任大联欢更是精彩纷呈。

◆ 2017 年下半年，中国社会责任百人论坛组织策划了"分享责任中国行（2017)"活动，走进四川成都和西藏林芝地区，参观调研中国企业在节能环保以及精准扶贫领域做出的努力与贡献，深入挖掘企业履行社会责任的优秀实践，并授予中国节能和中国华能"企业社会责任示范基地"。世界行（2017）先后奔赴泰国、印度尼西亚、埃塞俄比亚、韩国、老挝等国家调研学习。

◆ 2017 年 11 月，召开"2017 中国社会责任百人论坛暨首届北京社会责任展"，会上举行百人论坛发起人及理事单位代表集中亮相仪式；连续第 9 年发布《中国企业社会责任蓝皮书（2017）》，首次发布中国上市公司 ESG 指数、《家电企业社会责任蓝皮书（2017）》和本土第一大应用标准《中国企业社会责任报告编写指南 4.0》，连续第 2 年发布《汽车企业社会责任蓝皮书（2017）》和《企业扶贫蓝皮书（2017）》等多项研究成果，受到人民网、新华网等主流媒体的争相报道，在行业内引起极大反响。

◆ 2018 年 1 月 8 日，召开"中国社会责任百人论坛——首届责任传播年会暨 2017 年度优秀责任报道发布会"，活动旨在加深媒体人对企业社会责任的认知，推动媒体关注企业社会责任，发挥媒体的力量推动中国企业社会责任的发展。本次会议表彰了 2017 年度企业社会责任领域的政策报道奖、案例报道奖、行业报道奖、人物报道奖及成果报道奖五类奖项，45 篇稿件获得优秀或入围奖，包括《人民日报》、《经济日报》、中央电视台、新华网等在内的 29 家媒体的记者获得优秀报道奖。

# 六、与《指南 3.0》对应表

《指南 4.0》对报告指标体系进行大幅修订，具体指标含义和解读可参考第四章"报告指标详解"。

## （一）报告前言（P 系列）

表 1-2 《指南 4.0》与《指南 3.0》的报告前言对比表

| 《指南 3.0》 | | 《指南 4.0》 | |
|---|---|---|---|
| 报告规范（P1） | P1.1 报告质量保证程序<br>P1.2 报告信息说明<br>P1.3 报告边界<br>P1.4 报告体系<br>P1.5 联系方式 | 报告规范（P1） | P1.1 质量保证<br>P1.2 信息说明<br>P1.3 报告体系 |

续表

| | 《指南 3.0》 | | | 《指南 4.0》 | |
|---|---|---|---|---|---|
| 报告流程<br>(P2) | P2.1 报告编写流程<br>P2.2 报告实质性议题选择程序<br>P2.3 利益相关方参与报告编写过程的程序和方式 | | 高管致辞<br>(P2) | P2.1 履行社会责任的形势分析与战略考量<br>P2.2 年度社会责任工作进展 | |
| 高管致辞<br>(P3) | P3.1 企业履行社会责任的机遇和挑战<br>P3.2 企业年度社会责任工作成绩与不足的概括总结 | | 责任聚焦<br>(P3) | P3.1 社会责任重大事件<br>P3.2 社会责任重点议题进展及成效 | |
| 企业简介<br>(P4) | P4.1 企业名称、所有权性质及总部所在地<br>P4.2 企业主要品牌、产品及服务<br>P4.3 企业运营地域，包括运营企业、附属及合营机构<br>P4.4 按产业、顾客类型和地域划分的服务市场<br>P4.5 按雇佣合同（正式员工和非正式员工）和性别分别报告从业员工总数<br>P4.6 列举企业在协会、国家组织或国际组织中的会员资格或其他身份<br>P4.7 报告期内关于组织规模、结构、所有权或供应链的重大变化 | | 企业简介<br>(P4) | P4.1 组织架构及运营地域<br>P4.2 主要产品、服务和品牌<br>P4.3 企业规模与影响力<br>P4.4 报告期内关于组织规模、结构、所有权或供应链的重大变化 | |
| 年度进展<br>(P5) | P5.1 年度社会责任重大工作<br>P5.2 年度责任绩效<br>P5.3 年度责任荣誉 | | | | |

# （二）责任管理（G 系列）

表 1-3　《指南 4.0》与《指南 3.0》的责任管理对比表

| | 《指南 3.0》 | | | 《指南 4.0》 | |
|---|---|---|---|---|---|
| 责任战略<br>(G1) | G1.1 社会责任理念、愿景、价值观<br>G1.2 企业签署的外部社会责任倡议<br>G1.3 辨识企业的核心社会责任议题<br>G1.4 企业社会责任规划 | | 愿景<br>(G1) | G1.1 企业使命、愿景、价值观<br>G1.2 企业社会责任理念或口号 | |
| 责任治理<br>(G2) | G2.1 社会责任领导机构<br>G2.2 利益相关方与企业最高治理机构之间沟通的渠道或程序<br>G2.3 社会责任组织体系<br>G2.4 企业内部社会责任的职责与分工<br>G2.5 社会责任管理制度 | | 战略<br>(G2) | G2.1 高层领导参与社会责任工作<br>G2.2 重大性社会责任议题识别与管理<br>G2.3 社会责任战略规划与年度计划 | |
| 责任融合<br>(G3) | G3.1 推进下属企业社会责任工作<br>G3.2 推动供应链合作伙伴履行社会责任 | | 组织<br>(G3) | G3.1 社会责任领导机构及工作机制<br>G3.2 社会责任组织体系及职责分工 | |

| 《指南 3.0》 | | | 《指南 4.0》 | |
|---|---|---|---|---|
| 责任绩效<br>（G4） | G4.1　构建企业社会责任指标体系<br>G4.2　依据企业社会责任指标进行绩效评估<br>G4.3　企业社会责任优秀评选<br>G4.4　企业在经济、社会或环境领域发生的重大事故，受到的影响和处罚以及企业的应对措施 | 制度<br>（G4） | G4.1　制定社会责任管理制度<br>G4.2　构建社会责任指标体系<br>G4.3　开展社会责任考核或评优 | |
| 责任沟通<br>（G5） | G5.1　企业利益相关方名单<br>G5.2　识别及选择利益相关方的程序<br>G5.3　利益相关方的关注点和企业的回应措施<br>G5.4　企业内部社会责任沟通机制<br>G5.5　企业外部社会责任沟通机制<br>G5.6　企业高层领导参与的社会责任沟通与交流活动 | 能力<br>（G5） | G5.1　组织开展社会责任培训<br>G5.2　开展社会责任理论研究 | |
| 责任能力<br>（G6） | G6.1　开展 CSR 课题研究<br>G6.2　参与社会责任研究和交流<br>G6.3　参加国内外社会责任标准的制定<br>G6.4　通过培训等手段培育负责任的企业文化 | 参与<br>（G6） | G6.1　识别和回应利益相关方诉求<br>G6.2　社会责任内外部沟通活动<br>G6.3　机构加入的社会责任组织 | |

## （三）市场绩效（M 系列）

### 表 1-4　《指南 4.0》与《指南 3.0》的市场绩效对比表

| 《指南 3.0》 | | | 《指南 4.0》 | |
|---|---|---|---|---|
| 股东责任<br>（M1） | M1.1　股东参与企业治理的政策和机制<br>M1.2　保护中小投资者利益<br>M1.3　规范信息披露<br>M1.4　成长性<br>M1.5　收益性<br>M1.6　安全性 | 股东责任<br>（M1） | M1.1　规范公司治理<br>M1.2　全面风险管理<br>M1.3　廉洁管理<br>M1.4　合规信息披露<br>M1.5　保护中小投资者利益<br>M1.6　成长性<br>M1.7　收益性<br>M1.8　安全性 | |
| 客户责任<br>（M2） | M2.1　客户关系管理体系<br>M2.2　产品知识普及或客户培训<br>M2.3　客户信息保护<br>M2.4　止损和赔偿<br>M2.5　产品质量管理体系<br>M2.6　产品合格率<br>M2.7　支持产品服务创新的制度<br>M2.8　科技或研发投入<br>M2.9　科技工作人员数量及比例 | 资源可<br>持续开发<br>（M2） | M2.1　矿产资源储备<br>M2.2　生产技术工艺装备现代化<br>M2.3　矿山开采机械化<br>M2.4　生产管理信息化<br>M2.5　矿产资源综合开发<br>M2.6　持续优化采矿工艺<br>M2.7　提高采矿回采率的制度、措施<br>M2.8　采矿回采率<br>M2.9　持续优化选矿工艺 | |

| 《指南 3.0》 | | 《指南 4.0》 | |
|---|---|---|---|
| 客户责任<br>（M2） | M2.10 新增专利数<br>M2.11 新产品销售额<br>M2.12 重大创新奖项<br>M2.13 客户满意度调查及客户满意度<br>M2.14 积极应对客户投诉及客户投诉解决率 | 资源可<br>持续发展<br>（M2） | M2.10 提高选矿回收率的制度、措施<br>M2.11 复杂与深部资源高效开采<br>M2.12 选矿回收率<br>M2.13 提高共伴生矿产资源综合利用率的制度、措施<br>M2.14 共伴生矿产资源综合利用率<br>M2.15 提高固体废弃物综合利用率的制度、措施<br>M2.16 固体废弃物综合利用率<br>M2.17 残矿回收的制度、措施<br>M2.18 残矿回收量 |
| 伙伴责任<br>（M3） | M3.1 战略共享机制及平台<br>M3.2 诚信经营的理念及制度保障<br>M3.3 公平竞争的理念及制度保障<br>M3.4 经济合同履约率<br>M3.5 识别并描述企业的价值链及责任影响<br>M3.6 企业在促进价值链履行社会责任方面的倡议和政策<br>M3.7 企业对价值链成员进行的社会责任教育、培训<br>M3.8 公司责任采购的制度及（或）方针<br>M3.9 供应商社会责任评估和调查的程序和频率<br>M3.10 供应商通过质量、环境和职业健康安全管理体系认证的比率<br>M3.11 供应商受到经济、社会或环境方面处罚的个数<br>M3.12 责任采购比率 | 客户责任<br>（M3） | M3.1 产品质量管理体系<br>M3.2 合格率<br>M3.3 坚持创新驱动<br>M3.4 科研平台建设<br>M3.5 研发投入<br>M3.6 科研人才培养<br>M3.7 科技工作人员数量及比例<br>M3.8 新增专利数<br>M3.9 重大创新奖项<br>M3.10 科技成果产业化<br>M3.11 客户关系管理体系<br>M3.12 客户满意度 |
| 产业链<br>责任<br>（M4） | M4.1 坚持诚信经营公平竞争<br>M4.2 经济合同履约率<br>M4.3 战略共享机制和平台<br>M4.4 保护知识产权<br>M4.5 助力行业发展<br>M4.6 针对供应商的社会责任政策、倡议和要求<br>M4.7 因为社会责任不合规被否决的供应商数量<br>M4.8 供应商社会责任审查的流程与方法<br>M4.9 报告期内审查的供应商数量<br>M4.10 因为社会责任不合规被中止合作的供应商数量<br>M4.11 供应商社会责任培训<br>M4.12 供应商社会责任绩效<br>M4.13 供应商通过 ISO14000 体系认证的比率<br>M4.14 供应商通过 OHSAS1800 体系认证的比率<br>M4.15 深化国际矿业合作 | 产业链<br>责任<br>（M4） | M4.1 坚持诚信经营公平竞争<br>M4.2 经济合同履约率<br>M4.3 战略共享机制和平台<br>M4.4 保护知识产权<br>M4.5 助力行业发展<br>M4.6 针对供应商的社会责任政策、倡议和要求<br>M4.7 因为社会责任不合规被否决的供应商数量<br>M4.8 供应商社会责任审查的流程与方法<br>M4.9 报告期内审查的供应商数量<br>M4.10 因为社会责任不合规被中止合作的供应商数量<br>M4.11 供应商社会责任培训<br>M4.12 供应商社会责任绩效<br>M4.13 供应商通过 ISO14000 体系认证的比率<br>M4.14 供应商通过 OHSAS1800 体系认证的比率<br>M4.15 深化国际矿业合作 |

# （四）社会绩效（S系列）

### 表1-5 《指南4.0》与《指南3.0》的社会绩效对比表

| | 《指南3.0》 | | 《指南4.0》 |
|---|---|---|---|
| 政府责任<br>（S1） | S1.1 企业守法合规体系<br>S1.2 守法合规培训<br>S1.3 禁止商业贿赂和商业腐败<br>S1.4 企业守法合规审查绩效<br>S1.5 纳税总额<br>S1.6 响应国家政策<br>S1.7 确保就业及（或）带动就业的政策或措施<br>S1.8 报告期内吸纳就业人数 | 政府责任<br>（S1） | S1.1 加强党的建设<br>S1.2 支持和参与全面深化改革<br>S1.3 守法合规体系<br>S1.4 纳税总额<br>S1.5 带动就业<br>S1.6 报告期内吸纳就业人数 |
| 员工责任<br>（S2） | S2.1 劳动合同签订率<br>S2.2 集体谈判与集体合同覆盖率<br>S2.3 民主管理<br>S2.4 参加工会的员工比例<br>S2.5 通过员工申诉机制申请、处理和解决的员工申诉数量<br>S2.6 雇员隐私管理<br>S2.7 兼职工、临时工和劳务派遣工权益保护<br>S2.8 按运营地划分的员工最低工资和当地最低工资的比例<br>S2.9 社会保险覆盖率<br>S2.10 超时工作报酬<br>S2.11 每年人均带薪休假天数<br>S2.12 按雇佣性质（正式、非正式）划分的福利体系<br>S2.13 女性管理者比例<br>S2.14 少数民族或其他种族员工比例<br>S2.15 残疾人雇佣率或雇佣人数<br>S2.16 职业健康与安全委员会中员工的占比<br>S2.17 职业病防治制度<br>S2.18 职业安全健康培训<br>S2.19 年度新增职业病和企业累计职业病<br>S2.20 工伤预防制度和措施<br>S2.21 员工心理健康制度/措施<br>S2.22 体检及健康档案覆盖率<br>S2.23 向兼职工、劳务工和临时工及分包商职工提供同等的健康和安全保护<br>S2.24 员工职业发展通道<br>S2.25 员工培训体系<br>S2.26 员工培训绩效<br>S2.27 困难员工帮扶投入 | 员工责任<br>（S2） | S2.1 员工构成情况<br>S2.2 平等雇佣<br>S2.3 劳动合同签订率<br>S2.4 社会保险覆盖率<br>S2.5 禁止使用童工<br>S2.6 反强迫劳动和骚扰虐待<br>S2.7 保护员工隐私<br>S2.8 民主管理<br>S2.9 女性管理者比例<br>S2.10 参加工会的员工比例<br>S2.11 薪酬与福利体系<br>S2.12 人均带薪年休假天数<br>S2.13 职业健康管理<br>S2.14 体检及健康档案覆盖率<br>S2.15 职业安全健康培训<br>S2.16 工作环境和条件保障<br>S2.17 职业病防治制度<br>S2.18 年度新增职业病数<br>S2.19 工伤预防制度和措施<br>S2.20 员工心理健康援助<br>S2.21 员工培训体系<br>S2.22 年度培训绩效<br>S2.23 职业发展通道<br>S2.24 生活工作平衡<br>S2.25 困难员工帮扶<br>S2.26 员工满意度<br>S2.27 员工流失率 |

续表

| 《指南 3.0》 | | 《指南 4.0》 | |
|---|---|---|---|
| 员工责任<br>(S2) | S2.28 为特殊人群（如孕妇、哺乳期妇女等）提供特殊保护<br>S2.29 尊重员工家庭责任和业余生活，确保工作生活平等<br>S2.30 员工满意度<br>S2.31 员工流失率 | 员工责任<br>(S2) | |
| 安全生产<br>(S3) | S3.1 安全生产管理体系<br>S3.2 安全应急管理机制<br>S3.3 安全教育与培训<br>S3.4 安全培训绩效<br>S3.5 安全生产投入<br>S3.6 安全生产事故数<br>S3.7 员工伤亡人数 | 安全生产<br>(S3) | S3.1 安全生产标准化建设<br>S3.2 安全应急管理机制<br>S3.3 安全风险分级管控机制<br>S3.4 隐患排查治理机制<br>S3.5 安全生产隐患<br>S3.6 危险化学品仓储、运输和回收管理<br>S3.7 易燃易爆产品管理<br>S3.8 尾矿库管理<br>S3.9 采空区专项治理<br>S3.10 对承包商安全管理的政策、制度及措施<br>S3.11 安全文化建设<br>S3.12 安全教育与培训<br>S3.13 安全培训绩效<br>S3.14 安全生产投入<br>S3.15 安全生产事故数<br>S3.16 员工伤亡人数 |
| 社区责任<br>(S4) | S4.1 评估企业进入或退出社区时对社区环境和社会的影响<br>S4.2 新建项目执行环境和社会影响评估的比率<br>S4.3 社区代表参与项目建设或开发的机制<br>S4.4 企业开发或支持运营所在社区中的具有社会效益的项目<br>S4.5 员工本地化政策<br>S4.6 本地化雇佣比例<br>S4.7 按主要运营地划分，在高层管理者中本地人员的比率<br>S4.8 本地化采购政策<br>S4.9 企业公益方针或主要公益领域<br>S4.10 企业公益基金/基金会<br>S4.11 海外公益<br>S4.12 捐赠总额<br>S4.13 企业支持志愿者活动的政策、措施<br>S4.14 员工志愿者活动绩效 | 社区责任<br>(S4) | S4.1 社区沟通和参与机制<br>S4.2 完善社区基础设施<br>S4.3 带动地方经济发展<br>S4.4 尊重、保护社区的文化传统和遗产<br>S4.5 移民与补偿<br>S4.6 员工本地化政策<br>S4.7 本地化雇佣比例<br>S4.8 本地化采购政策<br>S4.9 支持社区妇女、土著居民、农户、牧民和渔民的发展<br>S4.10 公益方针或主要公益领域<br>S4.11 建立企业公益基金/基金会<br>S4.12 捐赠总额<br>S4.13 打造品牌公益项目<br>S4.14 支持志愿者活动的政策、措施<br>S4.15 员工志愿者活动绩效<br>S4.16 助力精准扶贫<br>S4.17 专、兼职扶贫人员数量<br>S4.18 扶贫专项资金投入<br>S4.19 脱贫人口数量 |

## （五）环境绩效（E 系列）

### 表 1-6 《指南 4.0》与《指南 3.0》的环境绩效对比表

| | 《指南 3.0》 | | 《指南 4.0》 |
|---|---|---|---|
| 绿色运营（E1） | E1.1 建立环境管理组织体系和制度体系<br>E1.2 环保预警及应急机制<br>E1.3 参与或加入环保组织或倡议<br>E1.4 企业环境影响评价<br>E1.5 环保总投资<br>E1.6 环保培训与宣传<br>E1.7 环保培训绩效<br>E1.8 环境信息公开<br>E1.9 与社区沟通环境影响和风险的程序和频率<br>E1.10 绿色办公措施<br>E1.11 绿色办公绩效<br>E1.12 减少公务旅行节约的能源<br>E1.13 绿色建筑和营业网点 | 绿色管理（E1） | E1.1 环境管理体系<br>E1.2 环境影响评价<br>E1.3 环保预警及应急机制<br>E1.4 环保技术研发与应用<br>E1.5 环保培训和宣教<br>E1.6 环保培训绩效<br>E1.7 环保总投资<br>E1.8 应对气候变化<br>E1.9 碳强度<br>E1.10 非化石能源比重<br>E1.11 碳汇<br>E1.12 绿色办公措施<br>E1.13 绿色办公绩效<br>E1.14 环保公益活动 |
| 绿色工厂（E2） | E2.1 建立能源管理体系<br>E2.2 节约能源政策措施<br>E2.3 全年能源消耗总量<br>E2.4 企业单位产值综合能耗<br>E2.5 企业使用新能源、可再生能源或清洁能源的政策、措施<br>E2.6 新能源、可再生能源或清洁能源使用量<br>E2.7 减少废气排放的政策、措施或技术<br>E2.8 废气排放量及减排量<br>E2.9 减少废水排放的制度、措施或技术<br>E2.10 废水排放量及减排量<br>E2.11 减少废弃物排放的制度、措施或技术<br>E2.12 废弃物排放量及减排量<br>E2.13 发展循环经济政策、措施<br>E2.14 再生资源循环利用率<br>E2.15 建设节约型企业<br>E2.16 年度新鲜水用量/单位工业增加值新鲜水耗<br>E2.17 中水循环使用量<br>E2.18 减少温室气体排放的计划及行动<br>E2.19 温室气体排放量及减排量 | 绿色生产（E2） | E2.1 采购和使用环保原材料<br>E2.2 淘汰落价设备、工艺、材料<br>E2.3 提高能源使用效率<br>E2.4 合同能源管理<br>E2.5 全年能源消耗总量及减少量<br>E2.6 单位产值综合能耗<br>E2.7 使用清洁能源的政策、措施<br>E2.8 清洁能源使用量<br>E2.9 节约水资源政策、措施<br>E2.10 年度新鲜水用水量<br>E2.11 单位工业增加值新鲜水耗<br>E2.12 选矿废水循环利用的制度、措施<br>E2.13 选矿废水循环利用率<br>E2.14 减少废气排放的政策、措施或技术<br>E2.15 废气排放量及减排量<br>E2.16 减少废水排放的制度、措施或技术<br>E2.17 废水排放量及减排量<br>E2.18 化学需氧量排放量及减排量<br>E2.19 减少固体废弃物排放的政策、措施或技术<br>E2.20 固体废弃物安全贮存<br>E2.21 固体废弃物排放量及减排量<br>E2.22 噪声污染控制<br>E2.23 绿色包装<br>E2.24 绿色运输 |

续表

| 《指南 3.0》 | | 《指南 4.0》 | |
|---|---|---|---|
| 绿色产品<br>（E3） | E3.1 供应商通过 ISO14000 环境管理体系认证的比例<br>E3.2 提升供应商环境保护意识和能力的措施<br>E3.3 供应商受到环保方面处罚的个数和次数<br>E3.4 支持绿色低碳产品的研发与销售<br>E3.5 废旧产品回收的措施和绩效<br>E3.6 包装减量化和包装物回收的政策和绩效 | 绿色矿山<br>（E3） | E3.1 保护生物多样性<br>E3.2 在工程建设中保护自然栖息地、湿地、森林、野生动物廊道、农业用地等<br>E3.3 不在世界遗产地或法律保护区内勘探或开采<br>E3.4 矿区生态恢复与重建制度、措施<br>E3.5 矿区保育制度<br>E3.6 节约使用土地资源的制度、措施<br>E3.7 避免或减少土壤污染的制度<br>E3.8 土地复垦制度<br>E3.9 露天矿排土场复垦率<br>E3.10 矿区地质灾害防治<br>E3.11 矿山闭坑规划 |
| 绿色生态<br>（E4） | E4.1 保护生物多样性<br>E4.2 在工程建设中保护自然栖息地、湿地、森林、野生动物廊道、农业用地<br>E4.3 生态恢复与治理<br>E4.4 生态恢复治理率<br>E4.5 环保公益活动 | | |

# （六）报告后记（A 系列）

表 1-7 《指南 4.0》与《指南 3.0》的报告后记对比表

| 《指南 3.0》 | | 《指南 4.0》 | |
|---|---|---|---|
| （A1） | 未来计划：公司对社会责任工作的规划 | （A1） | 未来计划：公司对社会责任工作的规划 |
| | | （A2） | 关键绩效表：企业年度社会责任关键数据的集中展示 |
| | | （A3） | 企业荣誉表：企业年度社会责任重要荣誉的集中展示 |
| （A2） | 报告评价：社会责任专家或行业专家、利益相关方或专业机构对报告的评价 | （A4） | 报告评价：社会责任专家或行业专家、利益相关方或专业机构对报告的评价 |
| （A3） | 参考索引：对本指南要求披露指标的采用情况 | （A5） | 参考索引：对本指南要求披露指标的采用情况 |
| （A4） | 意见反馈：读者意见调查表及读者意见反馈渠道 | （A6） | 意见反馈：读者意见调查表及读者意见反馈渠道 |

# 第二章　一般采矿业社会责任

按照矿产资源类别，一般采矿业①分为黑色金属采选业、有色金属采选业、非金属采选业及对地热资源、矿泉水资源和其他未列明的自然资源的开采活动。黑色金属采选业主要包括铁矿采选、锰矿铬矿采选及其他黑色金属矿如钒矿等黑色金属辅助原材料的采选。有色金属采选业指对常用有色金属矿、贵金属矿以及稀有稀土金属矿的开采、选矿活动：常用有色金属矿的采选指对铜、铅、锌、镍、铬、锡、铝、镁、汞等常用有色金属矿的采选；贵金属矿采选指对在地壳中含量极少的金、银和铂族元素矿的采选；稀有稀土金属矿的采选指对在自然界中含量较小、分布稀散或难以从原料中提取，以及研究和使用较晚的金属矿开采、精选。

## 一、一般采矿业在国民经济中的地位

我国是矿产资源大国，也是矿业大国，主要矿产品产量和消费量居世界前列。《全国矿产资源规划（2008~2015年)》实施以来，找矿不断取得重大突破，资源供应能力明显增强，开发秩序全面好转，矿产资源管理改革逐步深化，管理能力和水平大幅提升，有效应对了国内外环境的复杂变化和国际金融危机的深层次影响，为保障国民经济持续快速发展做出了重要贡献。

---

① 由于煤矿及石油/天然气开采的特殊性，将煤矿采选与石油/天然气开采单列，故一般采矿业不包括煤矿及石油/天然气开采。

### （一） 一般采矿业为国民经济实现可持续发展提供支撑

2008 年以来，全国采矿业固定资产投资累计达 9 万亿元以上，原矿产量累计达 700 亿吨以上，煤炭、油气、金属、非金属采选及压延加工销售产值累计超过 160 万亿元。资源税、探矿权采矿权价款和资源补偿费累计收入 9000 亿元。因矿而兴的城市达到 240 座，现矿业从业人员 1100 余万。煤炭、十种有色金属、黄金等产量连续多年居世界第一，矿业经济规模不断增长，为我国经济发展发挥了重要的支撑作用。

### （二） 一般采矿业与人们的生存环境息息相关

2016 年，我国能源消费量达到 43.6 亿吨标准煤，是全球能源消耗最多的国家。煤炭等资源的大量消费，引发了严重的环境污染问题。近年来，以雾霾为首的环境污染给居民健康和工作生活带来了极大影响。提高资源利用效率、保护和改善生态环境，是人类社会发展的永恒主题，是我国发展面临的紧迫任务。

发展一般采矿业是改善生态环境质量的重要支撑，是推进生态文明建设、建设美丽中国的客观要求。

# 二、一般采矿业履行社会责任的意义

党的十九大对企业履行社会责任提出了明确的要求。一般采矿业作为国民经济的重要支柱产业，关系到国民经济发展、国防安全和人民生命财产安全及生活的质量。一般采矿业企业努力承担社会责任，对社会、行业、企业的可持续发展具有十分重要的积极推动作用。

### （一） 宏观层面，是推动社会可持续发展的必然选择

党的十九大指出，加快生态文明体制改革，建设美丽中国。一般采矿业履行经济责任，为国民经济发展提供了基础的生产资料和生活资料；产业发展也要履行环境责任。如果忽略生态要素将带来严重的环境问题，影响国民经济发展的质

量。因此，一般采矿业企业履行社会责任，要将生态、环境要素纳入企业经营过程，响应国家生态文明建设，遵守产业生态、环境关键指标要求，以负责任的态度有偿使用资源和生态补偿；同时主动出击，重视矿区生态恢复，挖掘环境污染、生态破坏关键指标，通过关怀社区、关怀矿区生态，促进矿区人与自然资源的和谐发展，为建设美丽中国贡献力量。

## （二）中观层面，是促进行业可持续发展的必然要求

"十三五"时期，我国经济发展进入新常态，正在向新型工业化、信息化、城镇化方向迈进，创新驱动发展成为支撑经济社会可持续发展的国家战略。长期以来，矿产、能源、水和土地等资源的开发利用为我国经济与社会发展起到了巨大的支撑作用，也面临着环境污染严重、生态系统退化、减排压力巨大、资源环境承载力逼近上限等严峻形势。新一轮科技革命和产业变革的兴起，是我国资源行业发展转型的重要战略机遇期，资源领域科技发展要准确把握战略机遇期内涵的深刻变化，面对新的形势与需求，以问题为导向全面推进资源领域产业创新发展，抓住科技革命契机，推动行业实现结构调整和转型升级，实现资源行业向节约集约、循环利用等绿色发展，保障资源供给安全，更加高效、安全、清洁地为经济社会发展提供支撑。

一般采矿业企业履行社会责任，响应文件要求，加强创新能力建设，转变资源开发利用方式，走可持续发展之路；同时，一般采矿业企业应积极主动履行社会责任，使企业上下达成共识，自主研发或合作研发资源节约、环境友好技术，推动社区建设，促进产业健康发展。

## （三）微观层面，是保障企业可持续发展的内在要求

企业社会责任已经成为全球企业提升竞争力、促进企业可持续发展的核心要素。一方面，企业主动承担社会责任，可以为企业赢得良好的社会信誉；另一方面，企业主动承担社会责任，有利于企业创造更广阔的生存环境，增强企业的核心竞争力。

为保障企业可持续发展，一般采矿业企业应积极主动履行社会责任，对内加强社会责任管理，全面梳理企业在履行经济、社会、环境责任方面的绩效，总结经验与不足，完善实践，提升意识，将社会责任理念融入到企业的日常运营中；

对外应加强与利益相关方的沟通，回应客户、政府、伙伴等利益相关方的期望，实现共同发展。

# 三、一般采矿业社会责任特征及要求

从行业特点出发，一般采矿业在安全生产、环境保护、职业健康、绿色矿山和数字矿山等方面表现出具有自身特点的企业社会责任特征及要求。

## （一）安全生产

"十三五"时期，安全生产工作面临许多有利条件和发展机遇。

一是党中央、国务院高度重视安全生产工作，做出了一系列重大决策部署，深入推进安全生产领域改革发展，为安全生产提供了强大政策支持；地方各级党委政府加强领导、强化监管，狠抓安全生产责任落实，为安全生产工作提供了有力的组织保障。

二是随着"四个全面"战略布局持续推进，五大发展理念深入人心，社会治理能力不断提高，全社会文明素质、安全意识和法治观念加快提升，安全发展的社会环境进一步优化。

三是经济社会发展提质增效、产业结构优化升级、科技创新快速发展，将加快淘汰落后工艺、技术、装备和产能，有利于降低安全风险，提高本质安全水平。

四是人民群众日益增长的安全需求，以及全社会对安全生产工作的高度关注，为推动安全生产工作提供了巨大动力和能量。

安全生产是一般采矿业企业关注的重要议题，一般采矿业属于高危行业，在我国突出表现为特大事故时有发生，严重威胁到员工的生命与财产安全。我国一般采矿业应该紧跟国际趋势与国家政策要求，继续加强在安全立法、安全管理、公共管理以及技术创新等方面的工作，完善保障措施，降低安全事故发生的概率。

## （二）环境保护

企业开展矿业活动对矿山生态环境影响是多方面的，突出表现在环境污染、生态资源破坏、地质灾害等方面。"废水、废气、废渣"的排放会造成大气污染、水污染和土地污染问题，矿山开采活动将打破矿区的生态系统平衡，如果不采取环保措施，最终将导致严重的地质灾害。

根据《中华人民共和国环境保护法》，为保护矿山环境，结合污染源的具体情况，采取如下技术措施：①实行机械通风；②控制生产过程中形成的有毒有害气体和粉尘，冲淡排放或选用适宜装置进行净化；③选用低噪声设备，对噪声大的设备采取隔声、减振、阻尼、吸声和消声等措施；④对爆破引起的振动和冲击波要进行预测，通过改进爆破技术，控制与消除其危害；⑤在开采过程中或开采结束后，对采空区、塌陷坑、废石场、尾矿库以及铁路和建筑物占用的土地进行改造和重新恢复，并对于重新恢复的土地一律都应重新植被。同时，结合国家"两型"社会建设和建设美丽中国的要求，一般采矿业应重视在能源节约、降低温室气体排放和矿区生态恢复等方面的工作。

## （三）职业健康

在一般采矿业，采矿过程是一种特殊的作业条件，生产过程、劳动过程、生产环境都存在着特有的职业健康问题。采矿中产生的含有各种成分的粉尘、炮烟、毒气，直接作用于人体的噪声、振动，肮脏环境，繁重的体力劳动，不良的微小气体和污染的空气等都会对人体健康造成危害，严重的可造成职业病。采矿种类的不同，职业健康问题也会表现不同的特点。为了保护矿业工作人员的健康，企业上下要在遵守安全生产法规要求方面做出承诺，重视矿业作业培训，完善职业健康体检制度，以人为本，加强安全生产管理体系建设。

## （四）绿色矿山

近年来，我国持续推进国家、省、市、县级绿色矿山建设，加强示范引领，培育矿业发展新动力。按照政府组织、部门协作、企业主体、公众参与、共同推进的原则，发挥地方政府积极性，落实企业责任，建设一批绿色矿业发展示范区，由点到面、集中连片推动绿色矿业发展，着力打造布局合理、集约高效、生态优良、矿地和谐、区域经济良性发展的样板区。

同时，致力于构建绿色矿业发展长效机制。建立健全分地域、分行业的绿色矿山标准体系，将建设绿色矿山的要求贯穿于矿山规划、设计、建设、运营、闭坑全过程。完善配套支持政策，在用地、用矿等方面对绿色矿山建设予以倾斜。改革完善矿山环境治理、恢复保证金制度，盘活资金使用。在高新技术企业认定等方面予以支持。全面落实资源综合利用、矿山环境保护、节能减排等相关优惠政策，逐步形成有利于绿色矿业发展的政策体系。

## （五）数字矿山

数字矿山是对真实矿山整体及其相关现象的统一认识与数字化再现，是一个"硅质矿山"，是数字矿区的一个重要组成部分。数字矿山的核心是在统一的时间坐标和空间框架下，科学合理地组织各类矿山信息，将海量异质的矿山信息资源进行全面、高效和有序的管理和整合；数字矿山的任务是在矿业信息数据仓库的基础上，充分利用现代空间分析、数据采矿、知识挖掘、虚拟现实、可视化、网络、多媒体和科学计算技术，为矿产资源评估、矿山规划、开拓设计、生产安全和决策管理进行模拟、仿真和过程分析提供新的技术平台和强大工具。数字矿山建立在数字化、信息化、虚拟化、智能化、集成化基础上，是由计算机网络管理的管控一体化系统，它综合考虑生产、经营、管理、环境、资源、安全和效益等各种因素，使企业实现整体协调优化，在保障企业可持续发展的前提下，达到提高其整体效益、市场竞争力和适应能力的目的。数字矿山的最终目标是实现矿山的综合自动化。

目前，数字矿山已成为国家战略资源安全保障体系的重要组成部分，为评价矿山资源生态环境提供重要的数据基础，是化解高危行业风险的根本途径。因此，企业应加强矿区信息化建设，积极探索数字矿山解决方案，实现矿山的综合自动化，以综合解决生产、资源、环境、安全、效益等问题。

# 第三章 一般采矿业企业社会责任报告特征

## 一、国际一般采矿业企业社会责任报告特征

根据 2018 年国际一般采矿业企业在《财富》世界 500 强的排名情况，选取以下在企业规模表现优异的四家企业作为研究对象，并对其报告进行特征分析（见表 3-1）。通过对四家企业的报告特征进行分析，从中可以得到以下基本结论。

表 3-1　国际一般采矿业社会责任报告基本信息（2018 年）

| 企业名称 | 总部所在地 | 500 强排名 | 首份社会责任报告发布时间 | 报告页数 |
|---|---|---|---|---|
| 嘉能可集团 | 瑞士 | 14 | 2010 年 | 122 |
| 力拓集团 | 英国 | 278 | 2008 年 | 90 |
| 必和必拓公司 | 澳大利亚 | 296 | 2001 年 | 48 |
| 巴西淡水河谷公司 | 巴西 | 325 | 2006 年 | 179 |

### （一）国际一般采矿业企业对社会责任报告重要性认识较早，从发布单一报告到发布综合性报告

根据表 3-1，国际一般采矿业企业的首份企业社会责任报告普遍出现较早，且历史悠久。例如，总部位于墨尔本、以经营石油和矿产为主的著名跨国公司必和必拓公司（BHP BILLITON）首份企业可持续报告发布于 2001 年，并连续 17 年坚持向相关利益方披露社会责任信息，体现了必和必拓公司对企业社会责任报

告编制及披露重要性的认识和关注，在一般采矿业发布社会责任报告方面发挥了很好的带动作用。另外，国际一般采矿业企业从初期发布具有单一性、针对性特点的产品报告、健康报告、安全报告、环境报告、社区报告，发展到现在发布包含企业可持续发展框架、产品责任、健康责任、安全责任、环境责任、社区责任等在内的具有综合性特点的报告，报告内容更加丰富，为利益相关者传递更多企业社会责任信息。以必和必拓公司为例，2001~2004 年发布的是健康、安全、环境和社区年度报告，报告关注的是单一社会责任议题；2005 年至今发布的是年度可持续发展报告，报告综合了企业的社会责任框架和社会责任的重点议题。

## （二）国际一般采矿业企业社会责任报告披露方向重点聚焦安全生产、环境责任方面

国际一般采矿业企业社会责任报告普遍将篇幅重点放在安全生产、废气废水减排、厂区与周边生态环境治理以及应对气候变化上，同时体现了一般采矿业的行业特性。嘉能可集团是全球领先的多样化矿业和自然资源集团，总部位于瑞士。嘉能可集团 2017 年可持续发展报告中，有关安全生产及环境责任方面的篇幅占据整体报告的 40%，针对工作场所安全，员工职业健康，水资源使用及管理，废水、废弃物及废气的减排，应对气候变化，分别做了详细的阐述。必和必拓公司也用大量篇幅描述了企业在员工安全生产、应对气候变化、保护生物多样性、土地资源管理、水资源管理等方面的措施及绩效。

## （三）国际一般采矿业企业社会责任报告披露议题具有实质性，凸显可持续发展理念和战略性

在报告中体现社会责任/可持续发展理念、具有明显的战略导向和成果导向是一般采矿业企业报告的共同特点。通过对四家企业报告内容分析可以发现，虽然不同企业的经营规模、业务范围、所处地区等因素导致其在议题关注方面有一定区别，但总体上所有的企业都会关注共同的议题。

从表 3-2 中可以看出，诚信合规经营、安全生产、员工责任、环境责任和支持社区发展等议题是国际一般采矿业企业普遍关注的议题，具有较强的实质性。

表 3-2 一般采矿业企业实质性议题

| 关键议题 | 重点与趋势 |
|---|---|
| 诚信合规经营 | 守法合规体系建设、守法合规培训、反腐败 |
| 安全生产 | 关键风险识别和管理、安全教育培训 |
| 员工责任 | 技能培训、多样性与平等、职业健康管理、心理健康援助 |
| 环境责任 | 资源管理（水/土地）、污染减排（废水/废气/废弃物）、生态恢复与治理、保护生物多样性、应对气候变化 |
| 支持社区发展 | 社区沟通和参与、本地化采购、本地化雇佣、移民与补偿、文化遗产保护 |

## （四）国际一般采矿业企业社会责任报告具有时代性，紧密结合时事热点议题

国际一般采矿业企业关注气候变化、SDGs 等国际社会高度关注的热点议题。例如，必和必拓公司、力拓集团、嘉能可集团在 2017 年可持续发展报告中均承诺将全面支持和积极响应联合国可持续发展目标（SDGs），这既展现了报告的与时俱进，也折射出企业的责任引领。

Contributing to sustainable development
The United Nations' Sustainable Development Goals （SDGs）are ambitious goals to improve the wellbeing of present and futrue generations. The 17 SDGs aim to tackle the world's most pressing challenges through the promotion of sustainable development. As a global company, many of these sustainable development challenges are clearly evident to us around the world.
We contribute towarcds the achievement of the SDGs through:
- our direct business activities-the products we produce and the way we produce them.
- the use by host governments of the taxes and royalties we pay, the direct and indirect employment opportunities we create, and our supply chain.
- our voluntary social investment.

图 3-1 《必和必拓 2017 年可持续发展报告》

# 二、国内一般采矿业企业社会责任报告特征

通过回顾和分析一般采矿业近几年来企业发布社会责任报告的情况可以看到，发布社会责任报告的企业数量不断增加，报告的质量不断提高，一般采矿业越来越重视企业社会责任报告的编制、发布和质量。

表 3-3　国内一般采矿业对标企业基本信息

| 企业名称 | 企业性质 | 首次发布时间 | 2017 年报告页数 |
| --- | --- | --- | --- |
| 中国黄金集团有限公司 | 中央企业 | 2011 | 113 |
| 中国五矿集团公司 | 中央企业 | 2007 | — |
| 中国冶金科工股份有限公司 | 中央企业 | 2010 | 86 |
| 中国铝业集团有限公司 | 中央企业 | 2006 | 94 |
| 中国有色矿业集团有限公司 | 中央企业 | 2012 | — |
| 中国中钢集团公司 | 中央企业 | 2008 | — |
| 紫金矿业集团股份有限公司 | 国有企业 | 2008 | 85 |
| 铜陵有色金属集团股份有限公司 | 国有企业 | 2009 | 9 |
| 云南铜业股份有限公司 | 国有企业 | 2011 | 77 |
| 云南铝业股份有限公司 | 国有企业 | 2014 | 62 |
| 河南豫光金铅股份有限公司 | 国有企业 | 2009 | 10 |
| 贵州开磷控股（集团）有限责任公司 | 国有企业 | 2009 | 60 |
| 贵州锦丰矿业有限公司 | 中外合作企业 | 2012 | — |

## （一）报告发布起步相对较晚、数量较少且质量参差不齐

通过表 3-3 可以看出，所选取的 13 家国内一般采矿业企业中只有 1 家企业最早于 2006 年发布了社会责任报告，大部分企业是从 2010 年开始陆续发布社会责任报告，但总体数量有限。同时，从表 3-3 中报告篇幅看，13 家企业最新发布的社会责任报告参差不齐，报告页数从 9~113 页不等。其中铜陵有色金属集团股份有限公司 2017 年社会责任报告仅 9 页，河南豫光金铅股份有限公司 2017 年社会责任报告仅 10 页，报告内容均以简单文字陈述为主，数据呈现较少，设计

感较弱，呈现形式单一，质量有待进一步提升。

## （二）报告内容日益充实，主题突出，行业特色明显

国内一般采矿业企业报告发布虽然起步较晚，但报告内容日益翔实，亮点频出。例如，《中国黄金集团有限公司 2017 社会责任报告》以"不忘初心抓党建，砥砺前行铸新篇""全力决胜脱贫攻坚，携手共创美好生活"两个责任专题开篇，聚焦企业履责亮点，凸显央企责任担当；从"黄金荣耀、黄金承诺、黄金担当、黄金使命"四个篇章全面披露了 2017 年集团履责实效；同时，使用较长篇幅反映企业在安全生产和环境保护方面做出的努力，突出一般采矿业行业特征（见图3-2）。

图 3-2 《中国黄金集团有限公司 2017 社会责任报告》

## （三）报告设计日益规范，图文并茂，可读性增强

国内一般采矿业企业社会责任报告在排版和设计上越来越规范。不同章节、不同级别内容之间的区分度通过标题、封面图片、字体颜色等，得到较好的处理，一定程度上便于利益相关方阅读；同时，图文并茂，凸显人文关怀，促进了报告内容的传播和沟通。如《中国五矿集团公司 2016 可持续发展报告》每节内容

的设计风格和色彩在追求简洁明了的基础上，注重通过企业关键绩效的提出和再设计，突出公司年度履责亮点，显著提升了利益相关方对报告关键内容的获取（见图 3-3）。

图 3-3 《中国五矿集团公司 2016 可持续发展报告》

## （四）报告编制日趋科学，参考标准多元且形式多样

国内一般采矿业企业社会责任报告编制日趋科学，主要体现在两个方面：一是报告参考标准的多元化；二是报告形式的多样性。参考标准的多元化主要反映在报告编写参考的标准涵盖了国内外企业社会责任的经典指南和最新指引。如《中国黄金集团有限公司 2017 社会责任报告》在编写过程中参考了联合国可持续发展目标（SDGs）、全球报告倡议组织（GRI）《可持续发展报告指南》（G4）、中国社会科学院《中国企业社会责任报告编写指南（CASS-CSR4.0）》等指引。报告形式的多样性反映在企业通过不同版本向利益相关方呈现报告，如《中国冶金科工股份有限公司 2017 社会责任报告》以中文简体、中文繁体以及英文三种文字出版，以环保纸质印刷品和 PDF 电子文档两种形式向利益相关方发布，显著

增强了报告的传播效果和沟通价值。国内一般采矿业企业报告参考标准如表3-4所示。

表3-4 国内一般采矿业企业报告参考标准

| 序号 | 企业名称 | 参考标准 |
|---|---|---|
| 1 | 中国黄金集团有限公司 | SDGs、G4、ISO26000、央企指导意见、CASS-CSR4.0 |
| 2 | 中国五矿集团公司 | G4、ISO26000：2010、GB/T36000-2015、联合国全球契约十项原则、央企指导意见 |
| 3 | 中国冶金科工股份有限公司 | G4、GB/T36001-2015、ISO26000：2010、CASS-CSR3.0、央企指导意见、上交所指引 |
| 4 | 中国铝业集团有限公司 | GRI Standards、GB/T36001-2015、ISO26000：2010、CASS-CSR3.0 |
| 5 | 中国有色矿业集团有限公司 | G4、GB/T36000-2015、ISO26000：2010、联合国全球契约十项原则、央企指导意见、中国工业企业社会责任管理指南 |
| 6 | 中国中钢集团公司 | G4、ISO26000：2010、联合国全球契约十项原则、CASS-CSR3.0、央企指导意见 |
| 7 | 紫金矿业集团股份有限公司 | G4、GB/T36001-2015、CASS-CSR3.0之一般采矿业、港交所指引、上交所指引 |
| 8 | 云南铜业股份有限公司 | G4、GB/T36001-2015、ISO26000：2010、CASS-CSR3.0、深交所指引 |
| 9 | 云南铝业股份有限公司 | G4、深交所指引 |
| 10 | 贵州开磷控股（集团）有限责任公司 | CASS-CSR3.0、央企指导意见、中国工业企业社会责任管理指南、贵州国有企业社会责任研究报告（2011） |
| 11 | 贵州锦丰矿业有限公司 | CASS-CSR3.0、央企指导意见、中国工业企业社会责任管理指南、关于开展2017贵州省企业社会责任报告发布暨全省质量信誉承诺系列活动的通知 |

## （五）报告议题与国际同步，同时根植社会、辐射行业

国内一般采矿业企业社会责任报告议题与国际高度一致，都包含了安全生产、环境保护、社区发展等重点议题。同时，国内一般采矿业企业在根植中国社会和行业发展、重视对相关议题披露的同时，更加注重紧跟国际化发展趋势和全球热点议题，如对联合国可持续发展目标（SDGs）的回应。《中国黄金集团有限公司2017社会责任报告》内容与时俱进，充分回应联合国可持续发展目标（SDGs），并制定行动框架，体现出中国黄金作为我国黄金行业龙头企业的责任引领作用（见图3-4）。

| 联合国可持续发展目标 | 中国黄金的行动框架 |
|---|---|
| 1 消除贫困 | 切实增强企业实力，提高集团公司全体员工收入，改善员工生活，坚持企地和谐共建，用实际行动将企业发展成果惠及社会大众。 |
| 2 消除饥饿 | 全力进行精准扶贫，以物资捐赠、技术支持、带动就业等各种形式改善当地居民生活水平，促进当地经济可持续发展。扶植农业发展，通过建立合作社、生态农业大棚等措施助农增收。 |
| 3 良好健康与福祉 | 鼓励职业健康，实施绿色办公，丰富员工业余文化生活；支持社区基础设施、医疗卫生建设，改善社区生活环境。 |
| 4 优质教育 | 将支持教育事业作为公益领域的一项重要行动，通过捐建当地学校、建设图书馆、设立奖学金、设立女生基金、资助贫困大学生等行动，让偏远地区的学生获得更受教育机会。 |
| 5 性别平等 | 坚持男女同酬，支持女性员工事业发展；开展针对女性员工的培训、健康讲堂活动；为怀孕、哺乳期的女性员工提供便利和关爱。 |
| 6 清洁饮水和卫生设施 | 将水资源治理作为企业生产的重点工作，通过建设污水处理厂、环境监测等，持续改善当地水环境。 |
| 7 经济适用的清洁能源 | 推进可再生能源发展，大力推广清洁能源，优化能源利用和消费结构，努力减少碳排放量。太阳能、水能、风能等已在越来越多的集团内企业能源构成中占据举足轻重的地位。 |
| 8 体面工作和经济增长 | 在重视经济效益的同时，注重社会效益。员工培训、员工职业发展形成完善的体系。属地化员工、专业化运营，配合当地政府拉动民众就业。 |
| 9 产业、创新和基础设施 | 通过自主研发、严学研合作，以及国际交流等方式，加大关键技术的研究、创新和应用，环保、低碳的理念贯穿于项目建设全过程。 |
| 10 缩小差距 | 践行对口支援和帮扶，支持地方经济的可持续发展。 |
| 11 可持续城市和社区 | 普及当地科教文卫事业的发展，保护当地环境，提升当地可持续发展能力。 |
| 12 负责任的消费和生产 | 坚持开展"安全绿化净化工程"及绿化工程，有效的止对周边环境的破坏，大力开展生态修复与重建业务，促进重金属治理和土地复垦；设立节能环保教育基地，向社会推广低碳绿色理念。 |
| 13 气候行动 | 强化提升能源使用效率，推动节能和绿色发展，减少二氧化碳等温室气体排放。 |
| 14 保护和可持续利用海洋和海洋资源促进可持续发展 | 不涉及。 |
| 15 陆地生物 | 加大生态投资，积极保护生物多样性。 |
| 16 和平、正义与强大机构 | 定期披露财务和非财务信息，提升企业透明度；进一步加强提高廉洁意识和反腐败工作；大力维护员工权益和主张，营造合规经营。 |
| 17 伙伴关系 | 与供应商、客户建立长期、紧密的关系，通过对资源和简单优势的整合共同开拓出市场，实现多方共赢，依托"一带一路"，加大与中亚、亚洲等欠发达地区的经济合作，促进当地协同发展，实现共同繁荣。 |

图 3-4 《中国黄金集团有限公司 2017 社会责任报告》

# 第四章　报告指标详解

# 一、报告前言（P系列）

报告前言板块依次披露报告规范、高管致辞、责任聚焦和企业简介。报告前言包括的二级板块如图4-1所示。

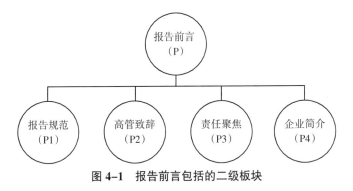

图4-1　报告前言包括的二级板块

## （一）报告规范（P1）

### P1.1　质量保证

【指标解读】：报告质量保证程序是指企业在编写社会责任报告的过程中通过什么程序或流程确保报告披露信息正确、完整、平衡。

> **示例：**
>
> 我们努力保证报告内容的真实性、完整性和平衡性，并在创新性和可读

性上有所突破。本报告内容不存在虚假记载、误导性陈述或重大遗漏。

——《中国铝业有限公司 2017 社会责任报告》（封二）

## P1.2 信息说明

**【指标解读】**：本指标的主要要素包括：

● 应披露此报告为第几份社会责任报告、报告发布周期、报告参考标准和数据说明。

● 应解释主要指报告信息和数据覆盖的范围，如是否覆盖下属企业、合资企业以及供应链。由于各种原因（如并购、重组等），一些下属企业或合资企业在报告期内无法纳入社会责任报告的信息披露范围，企业必须说明报告的信息边界。此外，如果企业在海外运营，需在报告中说明哪些信息涵盖了海外运营组织。

● 如果企业报告涵盖供应链，需对供应链信息披露的原则和信息边界做出说明。

● 最后，解答报告及其内容方面的问题联络人及联络方式、报告获取方式、延伸阅读。

**示例：**

时间范围：2017 年 1 月 1 日至 12 月 31 日，部分内容超出上述范围。

发布周期：报告为年度报告，本报告是中国黄金集团有限公司发布的第八份社会责任报告。

涵盖内容：报告披露 2017 年公司履行经济、环境、社会责任等方面的意愿、行为和绩效；相关内容、数据和案例来自公司有关文件、报表和基层企业。

参考标准：

联合国可持续发展目标（SDGs）。

全球报告倡议组织（GRI）《可持续发展报告指南》（G4）。

国际标准化组织（ISO）《社会责任指南：ISO26000》。

国务院国资委《关于国有企业更好履行社会责任的指导意见》。

中国社科院《中国企业社会责任报告编写指南（CASS-CSR4.0)》。

称谓说明：因中国黄金集团公司完成了公司制改制，并于 2017 年 11 月

30 日办理了工商变更登记手续，企业名称由"中国黄金集团公司"变更为"中国黄金集团有限公司"，故本报告在主要采用"中国黄金集团有限公司"称谓的同时，视发生时间在部分案例中保留"中国黄金集团公司"的称谓。同时，为表述方便，报告把"中国黄金集团有限公司"简称为"中国黄金""集团公司"或"我们"，基层企业名称使用简称。

获取地址：欢迎登录公司网站 www.chinagoldgroup.com。

——《中国黄金集团有限公司 2017 社会责任报告》(P3)

### P1.3　报告体系

【指标解读】：本指标主要指公司的社会责任信息披露渠道和披露方式。社会责任信息披露具有不同的形式和渠道。部分公司在发布社会责任报告的同时，发布国别报告、产品报告、环境报告、公益报告等，这些报告均是企业披露社会责任信息的重要途径，企业应在社会责任报告中对这些信息披露形式和渠道进行介绍。

**示例：**

本报告提供纸质版、电子版和微信版三个版本，您可以在我们的网站下载报告的电子版，如对报告内容有疑问或者需要纸质版报告，请发邮件至 zqb@yunnancopper.com，或致电 0871-63106739、0871-63106735。

——《云南铜业股份有限公司 2017 社会责任报告》(P73)

## （二）高管致辞（P2）

高管致辞是企业最高领导人（团队）对企业社会责任工作的概括性阐释，高管致辞代表了企业最高领导人（团队）对社会责任的态度和重视程度，主要包括以下两个方面的内容：

### P2.1　履行社会责任的形势分析与战略考量

【指标解读】：该指标主要描述企业对社会责任与可持续发展的形势判断，开展社会责任工作对经济、社会、环境发展的重要意义以及企业社会责任工作的战略、范式等。

**示例：**

2017 年，公司紧紧围绕"强基础、控风险、活机制、抓储备、树形象"的年度工作主题，抓住市场环境改善的有利因素，切实抓好生产经营和改革发展等各项工作。通过全体员工的共同努力，公司在生产经营、项目建设、开放合作以及内部改革等方面实现了新突破，营业收入、利润总额均超额完成年初制定的任务目标，取得了历史最好的经营业绩。

一年来，公司紧紧抓住国家及云南省系列重大产业政策调整契机，以优化提升绿色低碳水电铝加工一体化全产业链为主线，积极调动内部优势资源，进一步深化对外开放合作；牢固树立绿色低碳发展理念，积极推动绿色低碳水电铝材产业大发展；抓实和谐建设，坚持让员工共享改革发展成果，在取得较好经营业绩的同时，增加员工收入，员工获得感、幸福感不断地提升；开展定点挂钩帮扶、社会捐赠，在云南省贫困地区昭通、鹤庆、文山通过产业扶贫，积极履行社会责任，树立了良好的企业形象。

2018 年是贯彻落实党的十九大精神的开局之年，也是实施"十三五"规划承上启下的重要一年，我们迎来了可以大有作为的历史性战略机遇期，抓住国家供给侧结构性改革契机，践行新时代发展理念，做优做强水电铝加工一体化产业链，打造具有世界影响力的绿色低碳水电铝材一体化基地。

——《云南铝业股份有限公司 2017 年社会责任报告》(P4)

## P2.2 年度社会责任工作进展

**【指标解读】**：该指标主要指企业本年度在经济、社会和环境领域取得了哪些关键绩效，以及存在哪些不足和需要改进之处。

**示例：**

安全方面，我们继续采取切实有效的行动来提升健康和安全，持续的努力得到了回报：2016 年，公司继续保持无工亡事故、无重大设备损坏事故，累计百万工时可记录伤害事故率为 2.51，该指标远优于国际采矿及金属协会 20 个成员公司 2013 年平均百万工时可记录伤害事故率 4.51 的指标，达到并超过世界先进水平。

环境方面，我们非常骄傲 2016 年再次保持了无环境事件报告的记录。锦丰金矿环境管理工作正常，未发生任何环境事故，各项环境设施运转情况良好。炭浸尾矿水解毒系统以及排放水深度处理系统继续正常运行，排放废水中主要污染指标均能稳定达到《污水综合排放标准》（GB8978-1996）一级标准。

社区方面，四方共创平台继续平稳运行，通过支持社区基础设施建设、提供就业机会、发起教育及培养人才、慈善捐助、尊重当地民族文化、合理解决社区民众诉求等措施，维持了稳定和谐的社区发展，积极履行企业社会责任，展现了企业风貌。

未来几年，我们将持续践行价值观：为运营和运营所在的社区投入时间和金钱，立志成为负责任的矿业公司的典范。

——《贵州锦丰矿业有限公司 2016 年度企业社会责任报告》（P3）

## （三）责任聚焦（P3）

责任聚焦是对企业年度社会责任履行绩效和亮点工作的突出呈现。

### P3.1 社会责任重大事件

【指标解读】：年度社会责任重大事件主要指从战略行为和管理行为的角度出发，企业在报告期内做出的重大管理改善，包括但不限于：制定新的社会责任战略；建立社会责任组织机构；在社会责任实践领域取得重大进展；下属企业社会责任重大进展等。

**示例：**

| 2017 年 | 社会责任大事记 |
|---|---|
| 2 月 | 云铝公司参与投资设立滇鑫浦慧融资租赁有限公司 |
| | 公司与国电云南电力有限公司签署《附生效条件的资产转让协议》，拟收购国电云南持有的国电德宏大盈江水电开发有限公司、国电南阿墨江发电有限公司、国电云南忠普水电有限公司的全部或部分股权以及持有的标的公司的债权 |
| 3 月 | "丁晓亮技能大师工作室"被核准为国家级技能大师工作室 |
| | 29 日，文山公司通过国家安全生产标准化一级企业现场评审 |
| 5 月 | 24 日，浩鑫公司获 NILO 公司"全球最佳供应商"称号 |

续表

| 2017 年 | 社会责任大事记 |
|---|---|
| 7 月 | 12 日，云南铝业股份有限公司"云南铝基新材料新产品产业技术研究院"、云南浩鑫铝箔有限公司项目"建设年产 3.6 万吨绿色低碳高精、超薄铝箔示范生产线"入选中央引导地方发展专项计划 |
| | 20 日，云南浩鑫铝箔有限公司 0.004/0.0045 毫米极薄铝箔荣获"中国铝箔技术创新奖"、铸轧法制备 0.009 毫米电池铝箔技术荣获"中国铝箔资源效率奖" |
| 8 月 | 23 日，公司获批国家第一批"绿色制造工厂" |
| | 29 日，云南云铝绿源慧邦工程技术有限公司举行挂牌仪式 |
| | 31 日，公司铸造铝合金锭、电工圆铝杆两大主导产品获得采用国际标准产品标志证书 |
| 9 月 | 5 日，云南云铝涌鑫铝业有限公司与广东省新材料研究所共建"云南省周克崧院士工作站"，云南冶金创能金属燃料电池股份有限公司与浙江大学共建"云南省曹楚南院士工作站" |
| 10 月 | 25 日，公司荣获"2017 年全国企业员工全面质量管理知识竞赛"优秀组织奖。25 日，以云南浩鑫铝箔有限公司为主要完成单位起草的国家标准《变形铝及铝合金单位产品能源消耗限额》获全国有色金属标准化技术委员会技术标准一等奖 |
| 11 月 | 1 日，云南冶金创能金属燃料电池股份有限公司被认定为"国家高新技术企业" |
| | 9 日，文山公司沙漠风暴 QC 小组获得全国优秀质量管理小组称号 |
| | 14 日，中共中央委员，云南省委副书记、省长阮成发到文山公司调研 |
| | 16 日，云南云铝润鑫铝业有限公司科技成果"高效、节能铝电解 TiB2 惰性阴极关键新技术及应用示范"荣获有色金属工业协会科技进步二等奖 |
| | 20 日，"云南东源煤业集团曲靖铝业有限公司"正式更名为"曲靖云铝淯鑫铝业有限公司" |
| 12 月 | 1 日，中共中央委员，云南省委副书记、省长阮成发到泽鑫公司视察工作 |
| | 7 日，润鑫公司变形铝合金产品通过欧盟 RoHS 检测 |
| | 20 日，云南云铝物流投资有限公司举行揭牌仪式 |
| | 24 日，云南冶金创能金属燃料电池股份有限公司通过国家高新技术企业认定 |
| | 26 日，曲靖云铝淯鑫铝业有限公司举行揭牌仪式 |

——《云南铝业股份有限公司 2017 可持续发展报告》（P58）

## P3.2  社会责任重点议题进展及成效

【指标解读】：对报告期内企业最主要的责任议题进行重点阐述和集中展现，体现企业社会责任工作的战略性和突出的社会环境价值。

**示例：**

2017 年是国资委党委确定的党建工作落实年，在党中央和国资委党委的正确领导下，中国黄金党委以党的十九大精神和习近平总书记重要讲话精神为指引，认真落实党建工作责任制，以加强党的全面领导、落实党要管党、全面从严治党要求为主线，坚持把方向、管大局、保落实，全面完成上级党委的各项工作要求与部署，集团公司党的建设工作质量不断提高，工作成效持续显现，党的领导作用进一步发挥，有力地引领了企业的改革发展。

——《中国黄金集团有限公司 2017 社会责任报告》（P14）

## （四）企业简介（P4）

### P4.1　组织架构及运营地域

**【指标解读】**：组织架构是指一个组织整体的结构，是在企业管理要求、管控定位、管理模式及业务特征等多因素影响下，在企业内部组织资源、搭建流程、开展业务、落实管理的基本要素。组织的运营地域包括其海内外的运营企业、附属及合营机构。

**示例：**

截至 2017 年末，中国黄金集团有限公司共有 252 户权属企业，两家上市公司（境内 A 股上市公司"中金黄金"以及加拿大和中国香港两地上市的"中金国际"），"中国黄金"品牌已成功在国家工商总局注册，目前全国投资金条及黄金珠宝营销网点 2000 多家，遍布全国大中城市。

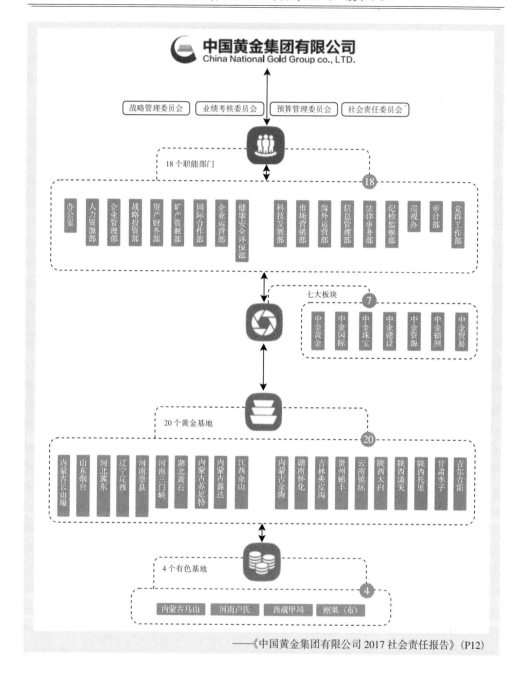

——《中国黄金集团有限公司 2017 社会责任报告》（P12）

### P4.2  主要产品、服务和品牌

【指标解读】：通常情况下，企业对社会和环境的影响主要通过其向社会提供的产品和服务实现。因此，企业应在报告中披露其主要品牌、产品和服务，以便

于报告使用者全面理解企业的经济、社会和环境影响。

> **示例：**
>
> 中国黄金集团有限公司已成为集地质勘探、矿山开采、选矿冶炼、产品精炼、加工销售、科研开发、工程设计与建设于一体的大型矿业公司，拥有完整的上下游产业链。作为我国黄金行业的龙头企业，中国黄金为我国黄金产业的发展做出了突出贡献。中国黄金下设中金黄金、中金国际、中金珠宝、中金建设、中金资源、中金辐照、中金贸易七大业务板块，以及内蒙古矿业公司、中金科技等骨干企业和中国黄金报社等文化传媒企业。
>
> ——《中国黄金集团有限公司 2017 社会责任报告》（P11）

### P4.3  企业规模与影响力

【指标解读】：企业的规模应包括但不限于员工人数、运营地数量、净销售额或净收入等信息，影响力主要包括企业在行业中的地位等。

> **示例：**
>
> 中国五矿集团公司是由两个世界 500 强企业（原中国五矿和中冶集团）战略重组形成的中国最大、国际化程度最高的金属矿产企业集团，是全球最大、最强的冶金建设运营服务商。公司总部位于北京，资产规模达 7598 亿元，境外机构、资源项目与承建工程遍布全球 60 多个国家和地区。2016年，公司实现营业收入 4355 亿元、利润总额 40.4 亿元。
>
> ——《中国五矿集团公司 2016 可持续发展报告》（P6）

### P4.4  报告期内关于组织规模、结构、所有权或供应链的重大变化

【指标解读】：企业组织规模、结构、所有权或供应链的重大变化会对企业社会责任的履行带来较大影响，应在报告中进行披露。

> **示例：**
>
> 经国务院国资委批复同意，2017 年中国黄金集团公司完成了公司制改制，并在北京市工商局办理了工商变更登记手续，企业名称由"中国黄金集

团公司"变更为"中国黄金集团有限公司",企业性质由全民所有制企业整体改制为有限责任公司（国有独资）。

——《中国黄金集团有限公司 2017 社会责任报告》（P11）

# 二、责任管理（G 系列）

有效的责任管理是企业实现可持续发展的基石。企业应该推进企业社会责任管理体系的建设，并及时披露相关信息。责任管理包括愿景、战略、组织、制度、能力和参与。其中，愿景是社会责任管理的原点和初心，也是目标和归属；战略、组织、制度和能力是实现责任愿景的四大管理支柱；参与贯穿于社会责任管理的全流程。六种元素相互影响、相互促进，推动企业社会责任管理持续发展（见图 4-2）。

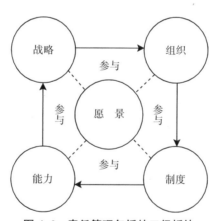

图 4-2　责任管理包括的二级板块

## （一）愿景（G1）

### G1.1　企业使命、愿景、价值观
【指标解读】：描述企业运行的准则、期望达成的目标和核心企业文化。

示例：

企业使命：报效国家 回报股东 成就员工 惠泽客户 造福社会 珍爱环境。

企业愿景：建设具有全球竞争力的世界一流企业。

核心价值观：责任 诚信 开放 卓越。

——《中国铝业有限公司2017社会责任报告》(P13)

### G1.2 企业社会责任理念或口号

【指标解读】：优秀的社会责任理念或口号不仅有利于企业责任文化的打造，责任品牌形象的传播，还赋予企业社会责任工作以主题和主线，统领企业社会责任管理与实践，是画龙点睛之笔。

示例：

中国冶金科工股份有限公司社会责任理念：持续创新发展 共铸世界未来。

——《中国冶金科工股份有限公司2017社会责任报告》(P7)

## （二）战略（G2）

### G2.1 高层领导参与社会责任工作

【指标解读】：社会责任是"一把手工程"，企业高层的支持和推动是企业社会责任发展的重要保证。企业高层领导支持、推动社会责任的方式包括但不限于：在企业社会责任领导机构中担任主要职务，定期听取企业社会责任工作汇报，参与企业社会责任重大活动，为企业社会责任重大项目实施整合资源等。

示例：

集团公司总部设立社会责任工作指导委员会。社会责任工作指导委员会主任由董事长担任，副主任由总经理担任，成员由集团公司各相关部门负责人组成。

社会责任工作指导委员会的主要职责：

● 建立和健全社会责任工作机构，完善社会责任工作管理体系。

● 制定集团公司社会责任工作战略规划，指导、监督、检查、考核社会责任工作落实情况。

● 发布社会责任报告。

——《中国黄金集团有限公司 2017 社会责任报告》（P21）

### G2.2　重大性社会责任议题识别与管理

**【指标解读】**：描述企业辨识社会责任核心议题的工具和流程，以及企业的核心社会责任议题包括的内容。企业辨识核心社会责任议题的方法和工具包括但不限于：利益相关方调查；高层领导访谈；行业背景分析；先进企业对标等。

**示例：**

本报告基于国家宏观政策研究、国内外社会责任标准分析、公司发展战略与规划、行业对标和利益相关方访谈与调研等多种渠道，识别出中国中冶 2017 年社会责任重大议题。

通过分析"对利益相关方的重要性"和"对公司可持续发展的重要性"制定出中国中冶可持续发展议题矩阵。

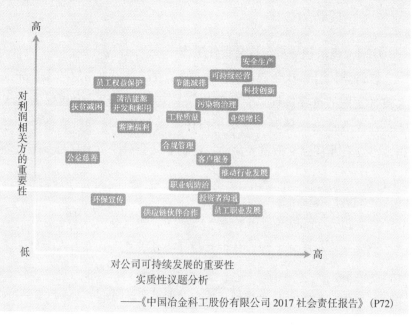

实质性议题分析

——《中国冶金科工股份有限公司 2017 社会责任报告》（P72）

## G2.3　社会责任战略规划与年度计划

【指标解读】：社会责任规划是企业社会责任工作的有效指引。本指标主要描述包括企业社会责任工作总体目标、阶段性目标、保障措施等。

> **示例：**
>
> 未来一段时期，公司将紧紧抓住国家及云南省系列重大产业政策调整契机，以优化提升绿色低碳水电铝加工一体化全产业链为主线，坚持"创新、协调、绿色、开放、共享"五大发展理念，以提升"发展质量和效益"、增强公司盈利能力和可持续发展能力为根本目标，持续深化内部改革，不断加大创新力度，着力增强资源保障，积极实施开放合作，大力推进低碳发展，全面激活存量、优化增量，促进两化深度融合，进一步促进公司管控优化转型和产业升级发展。
>
> 到"十三五"末，力争将公司打造成为行业内具有较强综合竞争力的"绿色低碳水电铝加工一体化"优强企业。
>
> ——《云南铝业股份有限公司2017可持续发展报告》(P16)

# （三）组织（G3）

## G3.1　社会责任领导机构及工作机制

【指标解读】：描述由企业高层领导（通常是企业总裁、总经理等高管）直接负责的、位于企业委员会层面最高的决策、领导、推进机构，例如，社会责任委员会、可持续发展委员会、企业公民委员会等。描述其开展工作的相关管理制度、流程和方式等。

> **示例：**
>
> 紫金矿业重视社会责任工作的统筹管理，健全社会责任管理机构，在总部设立了社会责任部，下设社会责任处、社区工作处，配备专职人员开展社会责任管理工作，各权属企业也以专兼职结合的方式，明确社会责任管理机构和人员，履行管理职能。
>
> 为增强社会责任工作的跨部门、跨集团协同能力，提升社会责任绩效，

2017 年，集团公司优化了社会责任工作委员会的运行机制，社会责任委员会由集团公司董事会和经营层领导组成，负责集团公司层面可持续发展和社会责任管理的重大事项。社会责任委员会定期举行会议，以评估及厘定公司环境、社会及管治的风险及内部监控系统是否合适有效，强化管控能力。委员会下设三个工作组，分工负责制定集团社会责任工作战略、基本规章制度，组织各部门、各单位在运营中落实社会责任理念，审核年度社会责任计划与年度社会责任报告，确保社会责任信息披露全面、规范。

——《紫金矿业集团有限公司 2017 社会责任报告》(P11)

### G3.2 社会责任组织体系及职责分工

【指标解读】：社会责任组织体系包括以下两个方面：明确或建立企业社会责任工作的责任部门；企业社会责任工作部门的人员配置情况。

一般而言，社会责任组织体系包括以下三个层面：

● 决策层，主要由公司高层领导组成，负责公司社会责任相关重大事项的审议和决策。

● 组织层，公司社会责任工作的归口管理部门，主要负责社会责任相关规划、计划和项目的组织推进。

● 执行层，主要负责社会责任相关规划、计划和项目的落实执行。

由于社会责任实践由公司内部各部门具体执行，因此，在企业应披露各部门的社会责任职责与分工。

**示例：**

集团公司总部设立社会责任工作指导委员会。社会责任工作指导委员会主任由董事长担任，副主任由总经理担任，成员由集团公司各相关部门负责人组成。

社会责任工作指导委员会的主要职责：

● 建立和健全社会责任工作机构，完善社会责任工作管理体系。

● 制定集团公司社会责任工作战略规划，指导、监督、检查、考核社会责任工作落实情况。

● 发布社会责任报告。

社会责任工作指导委员会下设办公室的主要职责:

● 制定集团公司社会责任规划,确定集团公司年度社会责任工作重点。

● 负责社会责任工作制度建设。

● 落实集团公司社会责任管理的各项日常工作,协调处置、收集、汇总、整理、报送涉及社会责任的各项管理工作。

● 负责集团公司社会责任报告发布的组织、协调工作,做好社会责任工作的宣传和社会各界对社会责任的反馈意见的收集和回复。

● 负责社会责任目标的确立与考核工作。

子公司社会责任管理机构:

各子公司要按照集团公司的机构构架模式确定相应的社会责任管理机构,明确社会责任工作人员,建立企业社会责任的统一组织和有效管理体系。

——《中国黄金集团有限公司 2017 社会责任报告》(P21)

## (四) 制度 (G4)

### G4.1　制定社会责任管理制度

【指标解读】:社会责任工作的开展落实需要有力的制度保证。企业社会责任制度包括社会责任沟通制度、信息统计制度、社会责任报告的编写发布等制度。

**示例:**

2017 年,中铝集团依据《社会责任工作发展规划 (2016~2020)》,结合国际国内可持续发展形势,制定《社会责任工作发展滚动发展计划 (2017~2020)》,创新运用社会责任融入管理 "五步法" 工作指南,推进落实 "社会责任管理模块与负面清单",使社会责任根植于管理。

——《中国铝业有限公司 2017 社会责任报告》(P23)

### G4.2　构建社会责任指标体系

【指标解读】:本指标主要描述企业社会责任评价指标体系的构建过程和主要指标。建立社会责任指标体系有助于企业监控社会责任的运行状况。

示例：

华润集团社会责任关键绩效体系由社会责任领域、关键绩效组成，关注 7 大领域，涉及 27 项责任议题，103 个集团层面的共性指标、67 个利润中心层面的个性化指标。

——《华润集团有限公司 2015 年社会责任报告》(P144)

### G4.3 开展社会责任考核或评优

【指标解读】：本指标主要描述企业运用社会责任评价指标体系，对履行企业社会责任的绩效进行评价的制度、过程和结果；或对企业内部的社会责任优秀单位、优秀个人评选或优秀实践评选相关制度、措施及结果。

示例：

自 2012 年起，中铝集团持续开展社会责任实践案例征集活动。2017 年，各单位上报社会责任实践案例 100 多个，集团组织专家评委会对推荐上报的实践案例进行评审，评选出年度社会责任实践十大优秀案例和降碳十大优秀案例。

——《中国铝业有限公司 2017 社会责任报告》(P24)

## （五）能力（G5）

### G5.1 组织开展社会责任培训

【指标解读】：企业通过组织、实施社会责任培训计划，提升管理层人员和员工的社会责任理念，使企业及个人成为社会责任理念的传播者和实践者。

示例：

2017 年 8 月 9 日至 11 日，中国黄金组织各子公司社会责任工作负责人近 40 人在苏州参加由中国社科院企业社会责任研究中心指导的社会责任培训。此次培训以"聚社会责任，发美好之声"为口号，以名师授课、实地参观、责任表演等形式，传播企业社会责任理念，提升企业社会责任意识，旨在有效地帮助各子公司解决发展中遇到的问题，帮助受训人员处理复杂的社会、环境议题，应对多元挑战。

——《中国黄金集团有限公司 2017 社会责任报告》（P23）

### G5.2 开展社会责任理论研究

**【指标解读】**：由于社会责任是新兴课题，企业应根据社会责任理论与实践的需要自行开展社会责任调研课题或参加国内外社会责任标准的制定，把握行业现状和企业自身情况，以改善企业社会责任管理，优化企业社会责任实践。

**示例：**

2017 年 10 月 20 日，国务院国资委《中央企业社会责任蓝皮书（2017）》和《中央企业海外社会责任研究》课题调研团走进中国黄金，就社会责任管理与实践、海外社会责任履行情况进行实地调研并举行座谈会。调研团充分肯定了中国黄金社会责任工作取得的进展与成效，对中国黄金社会责任理念、社会责任体系、社会责任管理、社会责任实践等给予高度评价。

——《中国黄金集团有限公司 2017 社会责任报告》（P25）

## （六）参与（G6）

### G6.1 识别和回应利益相关方诉求

**【指标解读】**：本指标包含两个方面的内容：

● 对利益相关方的需求及期望进行调查。

● 阐述各利益相关方对企业的期望以及企业对利益相关方期望进行回应的措施。

示例：

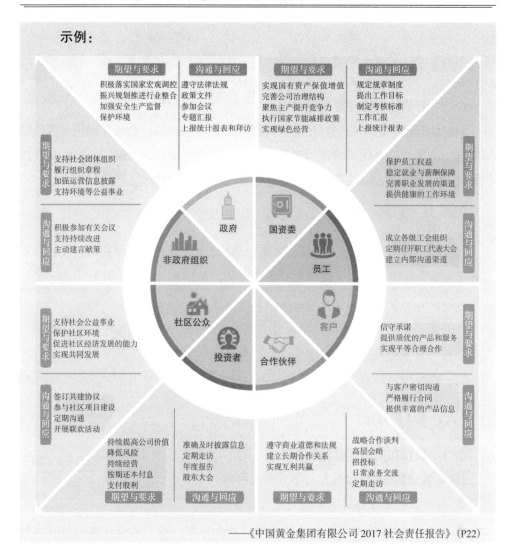

——《中国黄金集团有限公司 2017 社会责任报告》(P22)

## G6.2 社会责任内外部沟通活动

【指标解读】：描述企业主导的社会责任内外部沟通机制。内部机制包括但不限于：内部社会责任刊物，网站建立社会责任专栏，社会责任知识交流大会，CSR 内网等。外部机制包括但不限于：召开及参加利益相关方交流会议、工厂开放日等。

示例：

中国黄金持续完善社会责任内部推进管理体系，积极开展交流沟通，注重利用新的传播方式，建立传播机制及媒介，在集团公司网站建立社会责任专栏，建立集团公司社会责任微信群，并确定各企业社会责任工作联络员，组织相关培训，及时掌握社会责任工作推进情况，实现线上线下的顺畅连接，进行信息的有效交流。

——《中国黄金集团有限公司 2017 社会责任报告》(P23)

### G6.3　机构加入的社会责任组织

【指标解读】：陈述企业参与或支持外界发起的经济、环境、社会类的公约、原则或其他倡议。

示例：

| 参加协会 | 担任职务 |
| --- | --- |
| 中国黄金协会 | 会长 |
| 世界黄金协会 | 董事会成员单位 |
| 中国黄金协会政研会 | 会长 |
| 中国矿业联合会 | 主席团主席 |
| 安全生产协会 | 常务理事 |
| 《黄金》杂志 | 理事长 |
| 黄金标准协会 | 主任委员 |
| 中国有色金属学会 | 副会长 |
| 中国国际商会 | 副会长 |
| 中国地质学会 | 理事 |
| 中国有色金属工业协会 | 副会长 |
| 中国质量协会 | 常务理事 |
| 中国企业联合会 | 副会长 |
| 中国循环经济协会 | 副会长 |
| 中国社会责任百人论坛 | 理事长 |

——《中国黄金集团有限公司 2017 社会责任报告》(P24)

# 三、市场绩效（M 系列）

市场绩效描述企业在市场经济中负责任的行为。企业的市场绩效责任可分为对自身健康发展的经济责任和对市场其他利益相关方（主要是客户和商业伙伴）的经济责任，市场绩效包括的二级板块如图 4-3 所示。

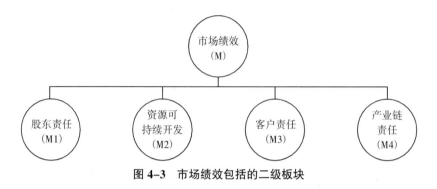

图 4-3　市场绩效包括的二级板块

# （一）股东责任（M1）

股东责任主要包括企业安全运行与资产保值增值两个方面，资产保值增值用资产的成长性、收益性和安全性三个指标进行表现。

### M1.1　规范公司治理

【指标解读】：本指标主要描述公司的治理结构和治理机制，治理结构指公司"三会一层"及其构成。治理机制包括激励机制、监督与制衡机制等。

---

**示例：**

公司严格按照《公司法》《证券法》《上市公司治理准则》和中国证监会、深圳证券交易所颁布的相关法律法规要求，持续完善公司治理结构，建立健全公司内部管理和控制制度，形成了在业务、资产、人员、机构、财务等方面相互独立的治理体系，股东大会、董事会、监事会按其职责分别行使决策权、执行权和监督权，切实维护公司和全体股东的利益。

——《云南铝业股份有限公司 2017 可持续发展报告》（P17）

---

### M1.2　全面风险管理

【指标解读】：全面风险管理是指企业围绕总体经营目标，通过在企业管理的各个环节和经营过程中执行风险管理的基本流程，培育良好的风险管理文化，建立健全全面风险管理体系，包括风险管理策略、风险理财措施、风险管理的组织职能体系、风险管理信息系统和内部控制系统，持续增强风险抵御能力。

**示例：**

中铝集团2017年聚焦环境、社会和财务风险，开展问题清单专项工作和各类审计，强化风险监控和内部控制评价，积极预防和管控风险。

**注重舆情监控与管理**

注重预防与强化处置并重，做好舆情监控与管理，全年形成《舆情监测报告》14期，《舆情参考》41期。对2011~2017年的115条舆情处置情况进行统计，建立了分层分级舆情监测体系。

**完善风险管理体系**

集团总部和板块层面继续完善重大项目风险评估机制和信用风险管理体系建设，开展风险管理体系测评，完成编制《2017年度全面风险管理报告》和《2016年度内部控制报告》，明确2017年度现金流等5个重大风险和信用风险等7个重要风险事项。开展承包商综合评价和安全管控专项行动，建立优秀承包商库和负面清单机制，防控项目风险。

**实施内部控制体系**

中铝集团严格按照内部控制体系要求进行运营管理，定期出具内控评价报告。2017年，全面梳理集团2011~2016年的内控缺陷，形成缺陷整改台账，选取铝加工事业部和中铝投资2户企业开展内控独立检查。全年共完成各类审计项目142个，审计发现问题958个，审计资产总额超过3163亿元。

**开展问题梳理与整改**

在集团所属全级次企业开展问题梳理与整改专项工作，抽调人员成立专项工作组。建立了领导包企联系点制度，实现日常全级次包干督促指导。2017年，集团全级次355户企业均完成了《问题清单》和整改决议的编制。

——《中国铝业集团有限公司2017社会责任报告》(P35)

## M1.3 廉洁管理

**【指标解读】**：本指标主要描述企业在反腐败和反商业贿赂方面的制度和措施等。

商业贿赂行为是不正当竞争行为的一种，是指经营者为销售或购买商品而采用财务或者其他手段贿赂对方单位或者个人的行为。

商业腐败按对象可以划分为两种类型：一种是企业普通经营活动中的行贿受贿行为，即通常意义上的商业贿赂；另一种是经营主体为了赢得政府的交易机会或者获得某种经营上的垄断特权而向政府官员行贿。

---

**示例：**

中国黄金坚持"标本兼治、综合治理、惩防并举、注重预防"的方针，不断加强反腐败和反商业贿赂的工作力度，为公司的改革和发展提供保证。中国黄金纪委将治理商业贿赂和商业腐败作为深入开展党风廉政建设和反腐败斗争的重要内容，通过严肃问责、认真学习、任前谈话、领导约谈等具体工作，将治理商业贿赂和商业腐败贯穿于监督执纪问责各个环节。

——《中国黄金集团有限公司 2017 社会责任报告》(P44)

---

### M1.4　合规信息披露

**【指标解读】**：及时准确地向股东披露企业信息是履行股东责任不可或缺的重要环节，这些信息包括企业的重大经营决策、财务绩效和企业从事的社会实践活动。企业应根据《公司法》通过财务报表、公司报告等向股东提供信息。上市公司应根据《上市公司信息披露管理办法》向股东报告信息。

---

**示例：**

中国中冶制定《中国冶金科工股份有限公司信息披露管理制度》《中国冶金科工股份有限公司内幕信息管理制度》等管理制度，规范公司信息披露行为，保证公司真实、及时、准确、合法、完整地披露信息，加强内幕信息保密工作，维护信息披露的公平原则。以市场沟通为基础，在定期报告中进一步强化对公司新兴产业业务、PPP 项目情况、科技成果及行业经营信息的披露，提升公司信息披露的透明度。2017 年，共披露两地公告及相关文件 319 个，公司被评为上交所信息披露 A 级（最优级）上市公司。

——《中国冶金科工股份有限公司 2017 社会责任报告》(P73)

---

#### M1.5 保护中小投资者利益

**【指标解读】**：本指标主要内容包括保证中小股东的知情权、席位、话语权以及自由转让股份权、异议小股东的退股权等。

> **示例：**
>
> 保障中小投资者知情权是上市公司应尽的义务，公司通过定期报告、临时公告、媒体、邮件、电话等方式，积极为投资者提供服务，公平对待每个投资者，维护投资者的合法权益。严格按照《上市公司公平信息披露指引》及公司《接待管理制度》的规定要求，热情接待投资者，主动发挥公司与投资者之间的纽带作用，维护良好投资者关系。公司积极利用网上平台等多种方式保持密切交流互动，耐心回答投资者提出的各种问题，报告期内累计接待调研机构9批次，电话、邮件等沟通方式百余次，答复"上证e互动"平台投资者提问25条。
>
> 为了让中小投资者有更多的机会了解上市公司，不断促进和规范上市公司对投资者关系的管理，公司积极响应河南监管局的号召，在2017年6月2日举行了"网上集体接待日暨投资者保护工作经验交流会"活动，就公司生产经营现状及未来发展战略，通过互动平台专网与投资者进行"一对多"形式的沟通，增进了投资者对公司的了解和认同。
>
> ——《河南豫光金铅股份有限公司2017年度社会责任报告》(P4)

#### M1.6 成长性

**【指标解读】**：本指标即报告期内营业收入及增长率等与企业成长性相关的其他指标。

> **示例：**
>
> | 指标 | 2017年 | 2016年 | 2015年 |
> |---|---|---|---|
> | 销售收入（万元） | 10020376 | 10788422 | 11074589 |
>
> ——《中国黄金集团有限公司2017社会责任报告》(P102)

### M1.7 收益性

**【指标解读】**：本指标即报告期内的净利润增长率、净资产收益率和每股收益等与企业经营收入相关的其他指标。

一般来说，利润总额指企业在报告期内实现的盈亏总额，来源于损益表中利润总额项的本年累计数；净利润指在利润总额中按规定缴纳了所得税后公司的利润留存，一般也称为税后利润或净收入；净资产收益率又称股东权益收益率，是净利润与平均股东权益的百分比，是公司税后利润除以净资产得到的百分比。

**示例：**

| 指标 | 2017 年 | 2016 年 | 2015 年 |
|---|---|---|---|
| 利润（万元） | 76708 | 45503 | −9861 |

——《中国黄金集团有限公司 2017 社会责任报告》（P102）

### M1.8 安全性

**【指标解读】**：本指标即报告期内的资产负债率等与企业财务安全相关的其他指标。

**示例：**

| 指标 | 2017 年 | 2016 年 | 2015 年 |
|---|---|---|---|
| 资产负债率（%） | 69.37 | 70.15 | 68.87 |

——《中国黄金集团有限公司 2017 社会责任报告》（P102）

## （二）资源可持续开发（M2）

### M2.1 矿产资源储备

**【指标解读】**：本指标主要指报告期内企业保有矿产资源的规模以及分布情况。

**示例：**

● 铜资源保有、规模及分布

截至 2016 年 12 月 31 日，云南铜业股份有限公司所属矿权范围内共保有 333 级以上铜资源储量：矿石量 24131.67 万吨，品位 0.75%，金属量 1800467 吨。上述资源量主要分布在大红山铜矿、大平掌铜矿、因民铜矿、滥泥坪铜矿、汤丹铜矿、羊拉铜矿、六苴铜矿、牟定郝家河铜矿和狮子山 31 铜矿等 9 个采矿权里。

**云南铜业股份有限公司保有铜资源储量**

| 基础储量 | | | 基础储量+资源量（333级以上） | | | 基础储量+资源量 | | |
|---|---|---|---|---|---|---|---|---|
| 矿石量（万吨） | 品位（%） | 金属量（吨） | 矿石量（万吨） | 品位（%） | 金属量（吨） | 矿石量（万吨） | 品位（%） | 金属量（吨） |
| 7580.13 | 0.99 | 750003 | 24131.67 | 0.75 | 1800467 | 27515.49 | 0.77 | 2126887 |

333 级以上资源分布情况：

（1）云南新平大红山铜矿片区约 **57.98** 万吨（含米底莫铜矿）。

（2）昆明东川片区因民铜矿、滥泥坪铜矿和汤丹铜矿三个老矿山约 **36.75** 万吨。

（3）迪庆片区约 **35.79** 万吨（羊拉铜矿）。

（4）普洱大平掌片区约 **20.75** 万吨。

（5）楚雄片区约 **17.76** 万吨（六苴、凹地苴、牟定郝家河铜矿）。

● 铁资源保有及分布

截至 2016 年 12 月 31 日，云南铜业股份有限公司所属矿权范围内共保有 333 级以上铁矿石量 6831.05 万吨，品位 24.37%。资源主要分布于玉溪新平大红山铜矿和米底莫铜矿 2 个采矿权范围内。

——《云南铜业 2016 年度企业社会责任及可持续发展报告》(P31)

## M2.2 生产技术工艺装备现代化

【指标解读】：矿山企业应加强工艺装备的更新改造，采用高效节能新技术、新工艺、新设备和新材料，及时淘汰高能耗、高污染、低效率的工艺和设备，符合资源节约与综合利用要求。

**示例：**

践行绿色责任，成就绿色发展，是开磷人一贯的坚持，开磷积极贯彻"创新、协调、绿色、开放、共享"的五大发展理念，同时，贵州省作为全国生态文明示范区，开磷严格执行《环境保护法》及系列配套法律法规。用环境质量指标倒逼企业转型升级，坚决淘汰落后和高污染的生产工艺及设备，依照省市环保部门针对工业园区大气环境问题进行治理，推动企业与自然和谐发展。

——《开磷控股集团 2017 社会责任报告》(P38)

### M2.3 矿山开采机械化

**【指标解读】**：鼓励矿山企业推进机械化减人、自动化换人，实现矿山开采机械化，选冶工艺自动化，关键生产工艺流程数控化率不低于 70%。

**示例：**

目前，开磷矿山开采过程全程采用了机械化，部分采用了遥控与远程控制，主要开采系统实现了无人化与自动化，井下生产过程与调度指挥采用了信息化与可视化，建成了国内领先、世界一流的现代化矿山，年开采能力达到 1000 万吨。

——《开磷控股集团 2017 社会责任报告》(P37)

### M2.4 生产管理信息化

**【指标解读】**：矿山企业应采用信息技术、物联网技术、控制技术、智能技术，实现矿山企业经营、生产决策、安全生产管理和设备控制的信息化。

**示例：**

我们主动适应互联网趋势，结合公司实际情况，进一步探索智能制造在有色金属行业的应用实践，加快经营管理系统建设，为公司经营管理的提质增效奠定基础。

**完善当前信息化建设**

● 生产经营数据系统建设。加强经营管理数据系统对设备管理、物资管理等业务的支撑作用，强化库存结构，有效实现生产经营系统的精准管理。

● 移动化办公建设。将智能手机、移动网络、信息系统三者有机结合，开发 OA 合同管理模块，实现移动化合同审批，提高公司合同事务审批的及时性、便捷性。

● 加快信息系统建设。加快 ERP、MES 系统建设，强化对于客户、供应商全流程的基础管控，深度集成多项信息，提升内部流程效率，增强业务一体化。

**探索未来信息化应用**

● 探索推动移动互联网、大数据、云计算的深入应用，对各业务板块的生产运营指标进行分析，形成大数据综合分析的平台，为决策提供参考、支撑。

● 探索智能制造，通过物联网、人工智能等技术，实现生产设备信息、供应链等一体化建设，打通信息壁垒，深入业务的每一个环节，加快智能制造发展。

——《云南铜业股份有限公司 2017 社会责任报告》(P27)

## M2.5　矿产资源综合开发

【指标解读】：矿产资源综合开发是指对共生和伴生矿产进行统筹规划，按一定顺序，对不同矿床或同一矿床的不同有益组分，以及不同层位的共生和伴生矿产同时进行开采。

**示例：**

中国黄金是以矿业为主营业务的企业，矿产资源是企业最重要的资源，长期以来，集团公司高度重视对矿产资源的综合开发利用。大力开展低品位、难采矿体采矿方法的研究，保证生产高效性。加强掘进中的副产矿石管理。各矿山企业结合实际情况，对低品位矿石进行回收。同时，利用先进选矿工艺技术，处理难选冶矿石，并在选矿流程生产过程中，充分利用工艺流程中产生的余热等附加资源。

——《中国黄金集团有限公司 2017 社会责任报告》(P34)

## M2.6　持续优化采矿工艺

【指标解读】：本指标主要指矿山企业优化采矿工艺。

**示例：**

我们使用的 Online Mine 在线智能采矿系统，集信息数字化、生产半空程实时化、管理控制、决策处理于一体，促进了矿山开采的全面精准化管理，提升了资源利用效益，有效地降低了矿山成本。这一技术在广西分公司三期矿山得到应用，降低矿石损失率 0.20%、贫化率 0.10%。

——《中国黄金集团有限公司 2017 社会责任报告》(P33)

### M2.7　提高采矿回采率的制度、措施

**【指标解读】**：本指标主要指矿山企业采用或改进技术与工艺提高采矿回采率。

**示例：**

中国黄金深入推进优化"五率"工作与全过程成本管控工作的融合，突出科技创新、管理创新在优化"五率"工作中的作用，成立专项工作组深入企业调研指导，推进企业继续从完善规章制度、优化采选工艺、强化现场管理、推广先进设备应用、加强经验交流、健全激励考核等方面采取有效措施，持续优化采、选技术指标，不断降低采矿损失率和矿石贫化率，提高采矿回采率和选冶回收率。

——《中国黄金集团有限公司 2017 社会责任报告》(P33)

### M2.8　采矿回采率

**【指标解读】**：采矿回采率是指矿石采出量在该矿山或采矿场（矿井、采掘工作面）地质储量中所占的比例。通常用百分比表示。是比较采矿方法优劣、回采工作质量高低的技术经济指标之一。其计算公式为：

$$\{区域采出原矿量（吨）\times[1-贫化率（\%）]\div区域地质储量（吨）\}\times100\%$$

**示例：**

2017 年，中国黄金采矿回采率 90.1%。

——《中国黄金集团有限公司 2017 社会责任报告》(P32)

## M2.9　持续优化选矿工艺

【指标解读】：本指标主要指矿山企业优化选矿工艺。

**示例：**

现代信息技术与生产经营深度融合，数字化矿山建设卓有成效。建成的数字化采矿管控系统，是国内唯一基于三维模型的露天开采智能管控系统，具有世界领先水平。探索开发出的"选矿专家管控系统"，改变了传统落后的选矿生产模式。开展的 ERP 项目，实现了物流、资金流、信息流、决策流四流合一。

——《中国铝业集团有限公司 2017 社会责任报告》（P58）

## M2.10　提高选矿回收率的制度、措施

【指标解读】：选矿回收率低，使资源浪费、成本提高、经济效益下降。因此，矿山企业应持续采用或改进选矿工艺，提高选矿回收率。

**示例：**

在西藏华泰龙公司与长春研究院课题组的不断攻关下，华泰龙公司选矿一厂铜钼分离改造取得成功，在混合精矿钼品位 0.48%、铜品位 19.96% 的条件下，获得了钼精矿钼品位 47.37%、钼精矿含铜 1.00%、钼作业回收率 70.06% 的良好指标。这有效解决了困扰企业多年的技术难题，仅一厂每年就为企业新增利润 2730.95 万元，同时为二厂更大规模铜钼资源综合利用奠定了坚实基础，也为高海拔同类铜钼矿产资源的高效利用提供了成功示范。

——《中国黄金集团有限公司 2017 社会责任报告》（P34）

## M2.11　复杂与深部资源高效开采

【指标解读】：针对深部矿产资源赋存复杂与开采难度大、环境恶劣、效率低、成本高等问题，矿山企业应突破深井建设、提升、通风降温与地压控制等关键技术及装备，主要开展井下深部安全绿色高效开采技术、大型深凹露天矿高效开采与集运设备、复杂环境难采矿床开采技术与装备、集中强化大规模采矿技术与装备、智能化开采技术与装备等方面的研究。

> **示例：**
>
> 资源高效开采方面，围绕红透山铜矿深部开采技术难题，系统开展复杂难采金属矿床采矿方法综合优化研究，成功完成了复杂难采矿体高效开采、深井矿床通风与灾变预测及控制、放矿粉尘综合治理等重大技术攻关。
>
> ——《中国有色矿业集团有限公司 2016 可持续发展报告》(P25)

### M2.12　选矿回收率

**【指标解读】**：选矿回收率是指选矿产品（一般指精矿）中所含被回收有用成分的质量占入选矿石中该有用成分质量的百分比，是考核和衡量矿山企业选矿技术、管理水平和入选矿石中有用成分回收程度的重要技术经济指标。

> **示例：**
>
> 2017 年，中国铝业选矿回收率 89.6%（铜），79.06%（铝）。
>
> ——《中国铝业集团有限公司 2017 社会责任报告》(P67)

### M2.13　提高共伴生矿产资源综合利用率的制度、措施

**【指标解读】**：多种资源共伴生的矿山，坚持主矿产开采的同时有效回收共伴生矿产资源，选择先进适用、经济合理的技术工艺综合回收利用共伴生资源。

> **示例：**
>
> 开磷集团大胆尝试体制机制改革，利用自身产业、资源集聚配套优势，大力开展资源综合利用工作，提高废渣、废水、废气的综合利用水平，实现矿山废矸、磷石膏、黄磷尾气、黄磷炉渣、化工废水等废物的资源化利用，开发了磷矿伴生资源氟、硅、碘资源综合利用技术，建设了工业化应用生产线，最终形成"原料—产品—资源—产品"的内部闭合循环系统。
>
> ——《开磷控股集团 2017 社会责任报告》(P45)

### M2.14　共伴生矿产资源综合利用率

**【指标解读】**：本指标是指企业在报告期内共伴生矿产的综合利用率。

**示例：**

我们通过科技创新，改进生产工艺，在生产全流程中最大限度地提高资源的利用率。2017 年，回收利用共伴生资源，减少资源浪费。集团在生产过程中回收有价金属量，金属镓 72 吨，黄金 10 吨，白银 451 吨，钯 15 吨。全年固体废弃物综合利用率提高 2%。

——《中国铝业集团有限公司 2017 社会责任报告》（P56）

## M2.15　提高固体废弃物综合利用率的制度、措施

**【指标解读】**：矿山企业应通过回收尾矿有用金属、利用尾矿生产建筑材料、废石提取有价金属、废石用作回填充料等方式，实现固体废物的综合利用。

**示例：**

一是整治贾家堰渣场。投入 1000 万元对贾家堰渣场进行覆膜治理，有效解决贾家堰渣场因磷石膏堆存所产生的废水通过地表渗漏造成地下水污染的问题。

二是下大力治理交椅山渣场渗漏。投入 4300 万元委托贵州省地矿局对 34 号泉眼上游区地下渗漏径流进行勘探，现已探明 23 号、26 号、32 号孔存在废水径流问题，现已完成 23 号孔、26 号孔污水回收管道连接，具备抽水试验条件。

三是加快提高磷石膏综合利用水平。2017 年磷石膏综合利用量 352.5 万吨，利用的主要途径为矿山充填和生产磷石膏砌块、建筑石膏粉、改性磷石膏公路基层材料。

——《开磷控股集团 2017 社会责任报告》（P44）

## M2.16　固体废弃物综合利用率

**【指标解读】**：本指标是指企业在报告期内尾矿、废石的综合利用率。

**示例：**

| 指标 | 2015 年 | 2016 年 | 2017 年 |
|---|---|---|---|
| 固体废弃物综合利用率(%) | 27 | 28.61 | 30 |

——《中国铝业集团有限公司 2017 社会责任报告》(P57)

### M2.17 残矿回收的制度、措施

**【指标解读】**：本指标是指企业在残矿回收方面的制度规定以及残矿回收所采取的措施、方法等。

**示例：**

在残矿回收方面，各矿山生产企业加大了对井下已采矿空区周边矿柱、顶底柱、间柱等残矿的回收力度，作为正常采矿的补充。

——《中国黄金集团有限公司 2017 社会责任报告》(P34)

### M2.18 残矿回收量

**【指标解读】**：本指标是指企业在报告期内回收残矿的总量。

**示例：**

2017 年，中国黄金残矿回收量 590.2 万吨。

——《中国黄金集团有限公司 2017 社会责任报告》(P32)

## （三）客户责任（M3)

客户责任板块主要描述企业对客户的责任，包括生产优质产品、提供良好服务、促进科技创新、保护客户基本权益等内容。

### M3.1 产品质量管理体系

**【指标解读】**：本指标主要描述企业产品质量保障、质量改善等方面的政策与措施，包括但不限于通过 ISO9000 质量管理体系认证、成立产品质量保证和改进小组等。

**示例：**

作为上海黄金交易所可提供标准金锭会员单位，中国黄金认真遵照ISO9001、ISO10004 质量管理体系，严把产品质量关，全年向上海黄金交易所交割国标金锭 88.35 吨，产品合格率达到 100%，集团公司先后多次荣获"上海黄金交易所优秀会员""上海黄金交易所可提供标准金锭企业先进单位"等荣誉称号。

——《中国黄金集团有限公司 2017 社会责任报告》(P42)

## M3.2　合格率

**【指标解读】：** 合格率=合格产品数/产品总数×100%。

**示例：**

中国黄金全年向上海黄金交易所交割国标金锭 88.35 吨，产品合格率达到 100%。

——《中国黄金集团有限公司 2017 社会责任报告》(P42)

## M3.3　坚持创新驱动

**【指标解读】：** 本指标主要指在企业内部建立鼓励创新的制度，形成鼓励创新的文化，用创新支撑和促进企业发展。

**示例：**

中国黄金研发实力持续提升。截至 2017 年 12 月，集团公司主要研发平台包括：国家级长春黄金研究院和长春黄金设计院、国家认定企业技术中心、国家金银及制品质量监督检验中心（长春）、集团公司研究总院、长春黄金研究院烟台贵金属材料研究所，省级研发平台 9 个，CNAS 认证检测中心 7 个，高新技术企业 23 家。特别是在高新技术企业申报方面，2017 年集团新增高企 12 家，通过申报高企帮助企业从战略高度认识到科技创新的重要性，迅速掀起了人人重视科技的新高潮。

——《中国黄金集团有限公司 2017 社会责任报告》(P41)

## M3.4　科研平台建设

【指标解读】：本指标主要指矿山企业在资源开发与高效利用方面进行国家重点实验室、国家工程实验室、国家工程技术研究中心、省重点实验室等国家和省级科技创新平台的布局和建设，加强科技创新平台的运行。

示例：

中国黄金牵头成立黄金产业技术创新战略联盟。联盟由 28 家致力于黄金资源开发与利用以及黄金工程技术开发的公司、高等院校、科研院所组成。宗旨是发挥联盟成员单位科技与资源优势，整合"产、学、研"技术领域具有前沿水平的成果，以企业为产业化主体，携手攻关，为黄金矿产资源开发利用的高效、绿色、低碳、环保、节能，提供共性、基础性和关键性的支撑。通过增强联盟成员各方的自主创新能力和核心竞争力，提高我国黄金矿产资源开发利用水平，为我国由产金第一大国发展成为世界产金强国奠定坚实的基础。

——《中国黄金集团有限公司 2017 社会责任报告》（P36）

## M3.5　研发投入

【指标解读】：本指标主要指在报告期内企业在科技或研发方面投入的资金总额。

示例：

| 指标 | 2017 年 | 2016 年 | 2015 年 |
| --- | --- | --- | --- |
| 研发投入（万元） | 39314 | 8328 | 21360 |

——《中国黄金集团有限公司 2017 社会责任报告》（P102）

## M3.6　科研人才培养

【指标解读】：本指标主要描述企业科研人才培养及科研队伍建设。

示例：

中铝集团基于 PDCA 循环机制优化绩效考核制度，建立了"保障基数+

效益基数"工资总额基数决定机制，提升员工收入水平。2017年，在岗员工平均工资同比增长15.6%。

全面推行骨干员工激励政策。在集团范围内全面推广实施工资总额分配向骨干员工倾斜激励政策，2017年，46家企业确定骨干员工18980人，专项激励1.6亿元。

落实科技人员激励政策。贯彻落实科技人员激励政策，2017年确定激励试点团队的科技项目，211名科技人员受益。

实行特殊人才市场化薪酬制度。针对集团业务发展需要的特殊人才，采用市场化引进，建立市场化考核指标，实行市场化薪酬。2017年，集团在金融、法律等专业领域实施特殊人才激励制度。

——《中国铝业集团有限公司2017社会责任报告》（P46）

### M3.7 科技工作人员数量及比例

**【指标解读】**：科技工作人员指企业直接从事（或参与）科技活动以及专门从事科技活动管理和为科技活动提供直接服务的人员。累计从事科技活动的时间占制度工作时间50%（不含）以下的人员不统计。

**示例：**

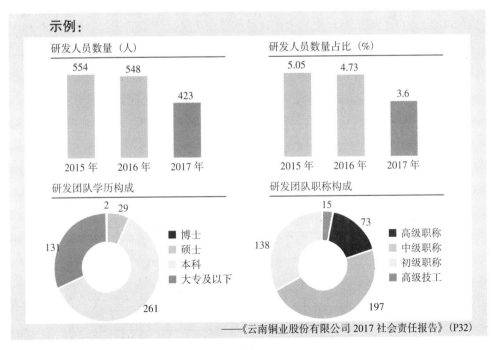

——《云南铜业股份有限公司2017社会责任报告》（P32）

### M3.8 新增专利数

【指标解读】：本指标主要包括报告期内企业新增专利申请数和新增专利授权数。

> **示例：**
>
> 2017 年，中国黄金申请专利 145 项，其中发明专利 52 项，获得授权专利 176 项，其中发明专利 24 项。截至目前，集团公司拥有专利 771 项，其中发明专利 109 项。
>
> ——《中国黄金集团有限公司 2017 社会责任报告》（P38）

### M3.9 重大创新奖项

【指标解读】：本指标主要指报告期内企业获得的关于产品和服务创新的重大奖项。

> **示例：**
>
> ● CG505 系列浸金剂开发及应用
>
> "CG505 系列浸金剂开发及应用研究"获得中国黄金协会科技进步一等奖，入选了《矿产资源节约与综合利用先进适用技术推广目录》。该技术具有环保、成本低、指标稳定、易于推广、可按一般化学品运输和贮存等优点，通过"协同浸出"与"原位治理"作用，不仅可替代氰化物实现金的高效浸出，同时可使浸出尾液达到国家排放标准。其整体技术达到国际先进水平，其中"协同浸出—原位治理"技术达到国际领先水平。
>
> ● 复杂采空区多井筒通风系统
>
> "海沟金矿复杂采空区多井筒通风系统优化研究"获得中国黄金协会科技进步一等奖。该技术使用过风断面风量分段标定技术对采空区局部漏风情况进行统计分析，运用 VENTSIM 通风模拟软件，进行了多井筒通风系统优化研究，通过风机、通风构筑物的合理设置，优化风向、风量、温度等参数，解决了深部中段分配风量少、风质差的问题，在同类矿山极具推广价值。
>
> ● 河南金源井下排水自动化系统、井下电机车司机远程遥控装矿系统
>
> 长春设计院完成的《河南金源井下排水自动化系统》和《井下电机车司

机远程遥控装矿系统》已在黄金矿山应用，实现了减员增效、提升井下运输作业本质安全的目标，并取得良好经济效益；《浓密机专家控制系统》正在河北东梁金矿试运行。

——《中国黄金集团有限公司 2017 社会责任报告》（P39）

## M3.10　科技成果产业化

**【指标解读】**：本指标描述对具有实用价值的科技成果所进行的后续试验、开发、应用、推广直至形成新产品、新工艺、新材料，发展新产业等活动。

> **示例：**
>
> 中钢集团积极鼓励并支持企业推动成果产业化建设，提高科技成果转化率，扩大产业化规模，以具有经济规模的自主创新成果产业化为手段，支撑中钢集团的长远发展。多项成果已经实现产业化或正在向实施产业化的方向努力，取得良好的业绩。
>
> ——《中国中钢集团 2016 可持续发展报告》（P44）

## M3.11　客户关系管理体系

**【指标解读】**：客户关系管理体系是指以客户为中心，覆盖客户期望识别、客户需求回应以及客户意见反馈和改进的管理体系。

> **示例：**
>
> 公司一直诚奉"依法经营、诚实守信、合作共赢、创造客户价值最大化"的经营理念，以顾客的需求为导向，顺应顾客的需求趋势，首先在产品本身上创造顾客的满意度，同时将这一理念落实到营销工作的各个环节。通过加强服务等多种途径，倾听顾客的声音、挖掘顾客的真正需求、为客户解决实际问题。注重与顾客建立互利关系，增强双方共同创造价值的能力，实现产品和服务的持续改进，不断提升客户满意度。
>
> ——《云南铜业股份有限公司 2016 企业社会责任报告》（P39）

### M3.12 客户满意度

**【指标解读】**：包括企业进行的客户满意度调查和最终的调查结果。

> **示例：**
>
> 中原黄金冶炼厂通过发放客户满意度调查表开展客户满意度调查，主要内容涉及产品质量和价格、服务质量及客户建议，目的为测量公司阴极铜产品在满足或超过顾客购买产品的期望方面所达到的程度，找出与顾客满意或不满意直接有关的关键因素，比较公司表现与顾客预期之间的差距，为基本措施的改善提供依据。在问卷调查中，公司采用"李克特量表"进行分析。结果显示，公司产品已达到国家标准，客户满意度达 100%。
>
> ——《中国黄金集团有限公司 2017 社会责任报告》（P42）

## （四）产业链责任（M4）

企业的合作伙伴主要有债权人、上游供应商、下游分销商、同行业竞争者及其他社会团体。伙伴责任主要包括企业在促进产业发展、促进价值链履责、开展责任采购方面的理念、制度、措施、绩效及典型案例。

### M4.1 坚持诚信经营公平竞争

**【指标解读】**：本指标主要描述企业对客户、供应商、经销商以及其他商业伙伴诚信的理念、制度和措施。公平竞争是指竞争者之间所进行的公开、平等、公正的竞争。它可以调动经营者的积极性，使社会资源得到合理的分配。

> **示例：**
>
> 中国黄金从设立之初就树立了诚信经营的理念，在发展过程中始终坚持"敬业诚信、超越自我、开拓创新、拼搏奉献、追求卓越"的原则，不断将诚信经营融入生产管理之中。近年来，集团公司不断提升总部和各子公司的信用意识，信用管理体系更加健全。
>
> 作为我国黄金行业唯一一家央企，也是中国黄金协会会长单位，中国黄金严格按照市场规律运作，从未有过任何滥用市场支配地位的行为，集团公司依靠的是强化管理基础、优化产业机构等方式提高自身竞争力。
>
> ——《中国黄金集团有限公司 2017 社会责任报告》（P42）

### M4.2 经济合同履约率

**【指标解读】**：该指标主要反映企业的管理水平和信用水平。

经济合同履约率=（截至考核期末实际履行合同份数）/考核期应履行合同总份数×100%。

> **示例：**
>
> 中国黄金严格按照国家法律、政策及地方政府规定依法合规经营，加强反腐倡廉教育，强化审计监察力度，保障集团公司生产经营健康顺利开展。集团公司经济合同履约率100%。
>
> ——《中国黄金集团有限公司2017社会责任报告》（P42）

### M4.3 战略共享机制和平台

**【指标解读】**：本指标主要描述企业与合作伙伴（商业和非商业）建立的战略共享机制及平台，包括但不限于：长期的战略合作协议；共享的实验基地；共享的数据库；稳定的沟通交流平台等。

> **示例：**
>
> 中国中冶加强与政府和企业间的合作交流，2017年先后与地方政府和大型央企签订战略合作协议18份，获取了如G30连云港—霍尔果斯高速公路清水驿至忠和段扩容改造工程PPP项目、北京冬奥会国家雪车雪橇中心项目、兰州北绕城高速公路项目、甘肃定西两条高速公路项目、海南海花岛水上乐园项目、云南省玉溪大河下游黑臭水体治理及海绵工程EPC总承包项目等多项影响较大的基础设施建设和新兴产业项目。
>
> ——《中国冶金科工股份有限公司2017社会责任报告》（P50）

### M4.4 保护知识产权

**【指标解读】**：本指标主要描述企业尊重和保护其他企业和个人就其智力劳动成果所依法享有的专有权或独占权。2017年4月24日，最高法院首次发布《中国知识产权司法保护纲要》。

**示例：**

知识产权是现代商业社会中的核心竞争要素。中国五矿加快推进知识产权战略，强化知识产权保护和运用，积极申报国家知识产权示范企业和国家知识产权优势企业，助力科学技术进步和经济发展。

——《中国五矿集团公司 2016 年度社会责任报告》(P45)

### M4.5　助力行业发展

**【指标解读】**：本指标描述企业应利用其在价值链和行业中的影响力，发挥自身综合优势，制定与完善行业标准、创新与推广行业技术、构筑与拓展交流平台、引进与培养行业人才。

**示例：**

参与制定行业标准与规范：

● 2017 年，完成贵州省地方标准《湿法粗磷酸生产工业级磷酸一铵技术规范》（DB52/T1178-2017）、《磷矿开采磷石膏充填采矿技术规范》（DB52/T1179-2017）的编制，两个标准已发布施行。

● 2017 年，参与编制的贵州省地方标准《贵州建筑地基基础设计规范》（DBJ52/T045-2018）、《贵州省建筑岩土工程技术规范》（DBJ52/T046-2018）、《贵州省建筑桩基设计与施工技术规程》（DBJ52/T088-2018），三个标准已发布施行。

● 2017 年，参与中国工程建设标准化协会编制的行业标准《砌体外墙防水透气性装饰涂料技术规程》（T/CECS 476：2017）、《砌体房屋钢管混凝土柱支座隔震技术规程》（T/CECS478：2017）、《CRB600H 高延性高强钢筋应用技术规程》（CECS458：2016），三个标准已发布实施。

● 2017 年与中南大学合作，制定贵州省地方标准《磷石膏充填采矿环境监测与水土体取样技术标准》和《磷石膏充填料浆环管试验测试技术标准》，已提交贵州省质量技术监督局，待评审。

● 2017 年，完成两项企业标准《含腐殖酸磷酸二铵》（Q/GZKL001-2017）、《含海藻酸磷酸二铵》（Q/GZKL002-2017）的编制，拟上升为行业标准报批。

● 2017 年，完成五项企业标准《中微量元素肥料》（Q/GZKL 003-2017）、《生物型复混肥料》（Q/GZKL 004-2017）、《硅钙镁肥》（Q/GZKL 005-2017）、《硅钙镁土壤调理剂》（Q/GZKL 006-2017）、《复合黄磷渣胶凝粉》（Q/KLPJC003-2017）的编制，已向贵州省质量技术监督局报备，拟上升为地方标准报批。

——《开磷控股集团 2017 社会责任报告》（P52）

## M4.6　针对供应商的社会责任政策、倡议和要求

**【指标解读】**：描述企业为推动供应商履责制定的理念、制度和措施。

**示例：**

为提高供应商伙伴的企业社会责任意识，建立健康的、良性的供应链，中国黄金列出以下政策和倡议，要求各供应商合作伙伴自觉遵守。

● 劳工要求方面。在雇佣劳工方面严格按照国家相关法律法规，不得使用童工。建立健全员工权益保障制度，且不能有歧视制度和行为。

● 商业道德方面。遵循诚信标准，禁止任何形式的贪污、敲诈勒索和挪用公款以及洗钱等违法行为，推行监控和强化程序以保证符合廉洁经营的条件。尊重知识产权。

● 健康和安全方面。提供一个安全、健康的工作环境，并采取一切可能的有效措施，最大限度降低工作环境中的危害隐患，并能做到定期提供给员工有效的健康和安全指示，提供符合规定的劳动安全卫生条件的劳动防护用品。

● 环保节能方面。必须取得环境许可证、批准文书和登记证。在生产过程中产生的挥发性有机化学物质、气雾剂以及燃烧副产品等空气排放物，在排放之前按要求辨别、监控、控制和处理。鼓励在节能、节材、节地等方面持续引进新产品、新技术，提升绿色能源和新能源的使用比例，减少温室气体排放，以实现低碳经济。

——《中国黄金集团有限公司 2017 社会责任报告》（P26）

**M4.7 因为社会责任不合规被否决的潜在供应商数量**

【指标解读】：本指标主要指企业统计的未通过社会责任评价而被否决的未合作的供应商数量。

**M4.8 供应商社会责任审查的流程与方法**

【指标解读】：该指标主要描述企业对供应商、经销商和其他价值链上下游伙伴进行社会责审查的制度、体系、方法和频率等。

> **示例：**
>
> 通过填写调查表或实地考察的方式了解新增供应商和客户，全面衡量其在生产能力、质量管理等方面的履责表现。
>
>
>
> ——《云南铜业股份有限公司 2017 社会责任报告》(P38)

**M4.9 报告期内审查的供应商数量**

【指标解读】：企业报告期内社会责任审查覆盖的供应商总量。

> **示例：**
>
> 新增供应商：2017 年增加供应商 135 家，现共有 540 家。
>
> ——《云南铝业股份有限公司 2017 可持续发展报告》(P41)

**M4.10 因为社会责任不合规被中止合作的供应商数量**

【指标解读】：企业应披露报告期内因社会责任不合规而终止合作的供应商数量。

> **示例：**
>
> 我们每年对供应商和客户进行综合评价，按照评价结果建立合格供应商名录，对优秀的供应商和客户通过战略合作等方式加强合作，对不合格的供

应商和客户设立灰名单和黑名单制度，予以通报和淘汰。2017年，因供应商产品或服务质量无法达到公司要求，终止供应商的数量为1家。

——《云南铜业股份有限公司2017社会责任报告》(P38)

### M4.11　供应商社会责任培训

**【指标解读】**：该指标主要描述通过专项培训、开展宣传教育活动等方式对供应商、经销商等价值链合作伙伴进行社会责任意识培养和能力提升，助力其更好地履行社会责任。

**示例：**

2015年9月，华为举办了以"共建学习型供应链，加速可持续商业生态"为主题的年度供应商可持续发展大会，吸引了220多位嘉宾参会。会上，华为高级副总裁兼首席供应官梁华强调要将可持续发展思维融入产品生命周期和价值链，鼓励供应商在生命周期的各个阶段识别改进机会点，提升产品与服务的竞争力，并指出华为将对可持续发展表现优异的供应商给予更多的业务机会。

——《华为投资控股有限公司2015年社会责任报告》(P51)

### M4.12　供应商社会责任培训绩效

**【指标解读】**：企业应披露报告期内供应商培训绩效，包括但不限于时长、人次、数量等。

**示例：**

2015年，我们针对37家供应商的需求实施培训，培训数量1666人次，培训时间197学时。

——《中国一汽2015社会责任报告》(P33)

### M4.13　供应商通过ISO14000体系认证的比率

**【指标解读】**：ISO14000标准强调污染预防和持续改进，要求建立职责明确、运作规范、文件化的监控管理体系，通过合理有效的管理方案和运行程序来达到环境目标和指标，实现环境方针。

本指标主要指通过 ISO14000 体系认证的供应商数量占供应商总量的比率。

**示例：**

| 指标 | 2017 年 | 2016 年 | 2015 年 |
|------|---------|---------|---------|
| 供应商通过 ISO14000 体系认证的比率（%） | 98 | 98 | 98 |

——《中国黄金集团有限公司 2017 社会责任报告》（P26）

### M4.14  供应商通过 OHSAS18000 体系认证的比率

**【指标解读】**：OHSAS18000 全名为 Occupational Health and Safety Assessment Series18000，是国际性安全及卫生管理系统验证标准。OHSAS 之所以发展，旨在帮助组织控制其职业安全卫生风险，改进其职业安全卫生绩效。

本指标主要指通过 OHSAS18000 体系认证的供应商数量占供应商总量的比率。

**示例：**

| 指标 | 2017 年 | 2016 年 | 2015 年 |
|------|---------|---------|---------|
| 供应商通过 OHSAS18000 体系认证的比率（%） | 95 | 95 | 95 |

——《中国黄金集团有限公司 2017 社会责任报告》（P26）

### M4.15  深化国际矿业合作

**【指标解读】**：推进"一带一路"建设，加强产能合作和基础设施、装备制造、国际金融等领域的广泛合作，为我国拓展矿业国际合作提供了新的发展空间和平台。

矿山企业应积极参与"一带一路"矿业国际合作，加强境外矿产资源勘查开发，提升利用外资质量和水平，引进先进技术和管理经验，积极参与全球矿业治理，推动形成深度交融的互利合作格局。

**示例：**

紫金矿业坚持走国际化发展道路，深耕海外矿业市场多年，海外运营管理持续提升，国际化发展进入收获阶段，全年境外项目矿产金占集团总量超过50%，矿产锌产量占集团总量超过1/3，境外项目利润占集团利润超过30%。

公司坚持"和平合作、开放包容、互利共赢、共同发展"的原则，遵守当地法律法规，尊重当地文化，坚持用工当地化，保护环境，参与地方公益事业，对东道国产业水平提升和经济社会发展都做出了贡献。截至2017年，紫金矿业在澳大利亚、南非、刚果（金）、巴布亚新几内亚、秘鲁、塔吉克斯坦、吉尔吉斯斯坦、俄罗斯等9个海外国家拥有投资项目。截至2017年底，公司在境外企业用工总数8635人，其中外籍员工8136人，境外企业员工本土化比例高达94%。

——《紫金矿业集团有限公司2017社会责任报告》(P72)

# 四、社会绩效（S系列）

社会绩效主要描述企业对社会责任的承担和贡献，主要包括政府责任、员工责任、安全生产和社区责任四个方面的内容（见图4-4）。政府责任是现阶段我国企业履行社会责任的重要内容之一，主要描述企业响应政府号召，对政府负责的理念、制度、措施和绩效。员工责任主要描述企业对员工负责，保障员工权益，助力员工成长的理念、制度、措施、绩效和典型案例。社区责任主要描述企

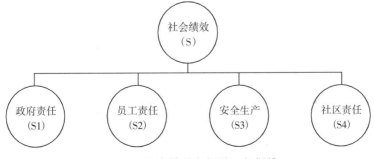

图4-4　社会绩效包括的二级板块

业对社区的帮助和贡献。

# （一） 政府责任（S1）

政府责任主要包括守法合规和政策响应两个部分。

## S1.1　加强党的建设

【指标解读】：党建工作作为企业党政思想普及、干部政治教育的手段，从根本上决定着企业发展的方向。

本指标主要指企业自觉维护党中央权威和集中统一领导，自觉在思想上、政治上、行动上同党中央保持高度一致，深入学习贯彻党中央、国务院和国资委党委关于国企党建工作的一系列决策部署。不断加强和完善企业党建工作，发挥各级党委领导核心，强化党的基层组织建设，规范党内政治生活，提高全体党员干部党性修养。

> **示例：**
>
> 2017 年，中国黄金各子公司党委在集团公司党委带领下，把党建工作作为统领全年各项工作的重中之重，将党建工作深度融入生产经营，全体党员干部自觉加强党性修养，做到了明底线、知敬畏、守纪律，为集团公司做强、做优、做大提供了坚强的政治保证和组织保证。
>
> ——《中国黄金集团有限公司 2017 社会责任报告》（P45）

## S1.2　支持和参与全面深化改革

【指标解读】：本指标主要描述企业在各领域支持参与全面深化改革的行动和绩效。全面深化改革涉及企业经营管理的方方面面，包括但不限于国有企业改革、供给侧结构性改革等。

> **示例：**
>
> 一是完成主辅剥离。开磷按照整体改制、主业上市的思路，在引进战略投资人的基础上，完成了辅业的剥离，"开磷集团"成功收购大股东中国信达公司持有"开磷公司"股权，完成了"开磷集团"增资扩股及改制工作，2014 年 12 月，贵州开磷集团股份有限公司正式挂牌运营，初步完成了企业

上市前的准备工作，为企业主业上市创造了条件。

二是推进混合所有制，实现产业多元化。2012 年，开磷投资 1.9 亿元，通过增资扩股和收购部分股权的方式，入主国内季戊四醇行业具有影响力的企业——江苏瑞阳化工股份公司，成为该公司控股股东，使开磷成为国内第一大季戊四醇生产企业。同年，开磷控股投资 200 万美元在新加坡注册成立了惠磷公司，当年就实现收入 3.3 亿美元。2013 年，引进民营企业投资，重组贵州化兴监理公司，年收入均在 3500 万元以上，实现利润均在 300 万元以上。

三是积极推动新三板挂牌。2015 年 12 月，开磷下属江苏瑞阳化工股份有限公司正式启动"新三板"上市工作。经过一年多的努力，开磷瑞阳公司于 2017 年 2 月 27 日正式在全国中小企业股转中心挂牌。

——《开磷控股集团 2017 社会责任报告》(P21)

## S1.3 守法合规体系

**【指标解读】：**本指标主要描述企业的法律合规体系，包括守法合规理念、组织体系建设、制度建设等。合规通常包括两个方面：①遵守法律、法规及监管规定；②遵守企业伦理和内部规章以及社会规范、诚信和道德行为准则等。"合规"首先应做到"守法"，"守法"是"合规"的基础。

**示例：**

中国黄金严格按照国家法律、政策及地方政府规定，依法合规经营，加强反腐败教育，强化审计监察力度，并制定完善了各种规章制度，在依法治企、合规经营方面成效显著。各子公司注重结合企业生产经营实际开展普法工作，《合同法》《公司法》《矿产资源法》及《安全生产法》等为员工所熟知，法律讲堂、知识竞赛、法律征文等活动充分调动了员工的学法用法热情。

——《中国黄金集团有限公司 2017 社会责任报告》(P43)

## S1.4 纳税总额

**【指标解读】：**本指标指企业在报告期内纳税的总额度。

### S1.5　带动就业

**【指标解读】**：促进经济发展与扩大就业相协调是社会和谐稳定的重要基础。根据《中华人民共和国促进就业法》，"国家鼓励各类企业在法律、法规规定范围内，通过兴办产业或拓展经营，增加就业岗位""国家鼓励企业增加就业岗位，扶持失业人员和残疾人就业"。

### S1.6　报告期内吸纳就业人数

**【指标解读】**：企业在报告期内吸纳的就业人数包括但不限于应届毕业生、社会招聘人员、军转复员人员、农民工、劳务工等。

## （二）员工责任（S2）

员工责任主要包括员工基本权益保护、薪酬福利、职业健康、员工发展和员工关爱等内容。

## S2.1　员工构成情况

【指标解读】：员工构成情况包括但不限于男女员工人数和比例、少数或其他种族员工人数和比例、残疾人雇佣人数和比例等。

示例：

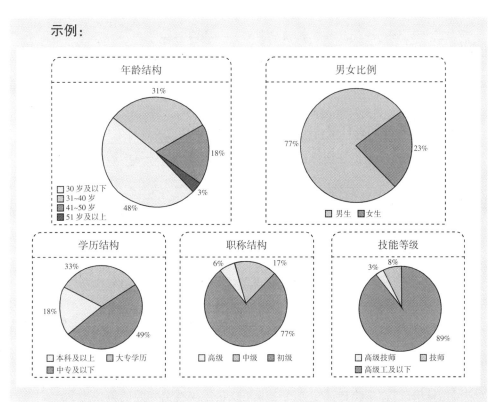

外部招聘：新员工494人，其中本科及以上学历175人，大专学历199人，中专及以下学历120人。

内部招聘：各单位内部公开招聘22人。

人才流动：板块人才交流及人才流动共计386人。

——《云南铝业股份有限公司2017可持续发展报告》(P44)

## S2.2　平等雇佣

【指标解读】：本指标主要指企业为保障平等雇佣制定的措施或制度。

**示例：**

紫金矿业严格遵守项目所在国法律、政策及地方政府规定，严格执行《劳动法》《劳动合同法》等国家法律法规，依法保障员工基本权益，并制定了《人力资源管理基本制度》，明令禁止集团总部及各权属企业出现使用童工现象及任何形式的就业歧视和强迫劳动，确保各单位依法与员工签订劳动合同，保证员工不因种族、性别等因素受到歧视。

——《紫金矿业集团有限公司 2017 社会责任报告》(P57)

### S2.3　劳动合同签订率

【指标解读】：本指标指报告期内企业员工中签订劳动合同的比率。

**示例：**

中国黄金各子公司均严格遵守国家《劳动法》《劳动合同法》等相关法律法规，在落实企业用工管理制度的基础上，奉行平等的劳动用工制度，与员工签订劳动合同。各单位劳动合同覆盖率达到 100%，个别企业存在集体谈判与集体合同情况，覆盖率均为 100%。

——《中国黄金集团有限公司 2017 社会责任报告》(P80)

### S2.4　社会保险覆盖率

【指标解读】：本指标最主要指企业正式员工中社会保险的覆盖比例。

**示例：**

2017 年，中国黄金社会保险覆盖率为 100%。

——《中国黄金集团有限公司 2017 社会责任报告》(P105)

### S2.5　禁止使用童工

【指标解读】：为保护未成年人的身心健康，国务院令第 364 号公布了《禁止使用童工规定》，禁止用人单位招用不满 16 周岁的未成年人。

示例:

中铝集团尊重员工权益,反对歧视,关爱弱势群体,杜绝雇佣童工,不使用任何形式强迫劳工,确保同工同酬。2017 年,中铝集团致力于打造企业与员工命运共同体,建设和谐的劳动关系、提高员工收入、畅通员工个人发展通道,让员工分享企业发展成果。

——《中国铝业集团有限公司 2017 社会责任报告》(P41)

## S2.6　反强迫劳动和骚扰虐待

【指标解读】:强迫劳动指以限制人身自由方法强迫职工劳动;骚扰虐待指践踏员工的尊严,侵犯员工的合法权利,进行寻衅滋事等行为。

示例:

遵守相关法律法规,恪守平等、非歧视的用工政策,公平公正对待不同国籍、种族、性别、宗教信仰和文化背景的员工,杜绝强迫性劳动。

——《中国有色矿业集团有限公司 2016 可持续发展报告》(P67)

## S2.7　保护员工隐私

【指标解读】:员工具有工作隐私权,赋予员工隐私权是对雇员人格尊严的尊重。企业应建立覆盖招聘、考核等各人力资源管理环节的隐私管理体系。

示例:

本着对雇员的尊重与保护的原则,中国黄金各子公司对于员工的信息和隐私进行严格的管理和做好保密工作。建立了信息保密管理、档案管理制度等有关规章制度,并设有专职人员做好档案保密管理工作。对于违反规定泄露员工个人信息和隐私的,集团公司按规定进行处理,造成严重后果的,追究泄露者的法律责任。

——《中国黄金集团有限公司 2017 社会责任报告》(P80)

## S2.8　民主管理

【指标解读】:根据《公司法》《劳动法》《劳动合同法》等规定,企业实行民主管理主要有三种形式：职工代表大会、厂务公开以及职工董事、职工监事。此外，职工民主管理委员会、民主协商、总经理信箱等也是民主管理的重要形式。

> **示例：**
>
> 中国黄金坚持民主集中制，严格履行"三重一大"工作制度。集团公司定期对各企业领导班子进行考核。各企业每年定期召开民主生活会。同时，深化厂务公开，坚持和完善以职工代表大会为基本形式的民主管理制度，坚持领导班子和中层干部述职和民主评议制度，充分发挥企业职工民主参与意识。工会组织作为职工代表与企业在平等基础上，就直接涉及劳动者切身利益的劳动报酬、工作时间、休息休假、劳动安全卫生、保险福利等事项进行谈判。
>
> ——《中国黄金集团有限公司 2017 社会责任报告》(P81)

## S2.9　女性管理者比例

**【指标解读】**：女性管理者与管理者总数之比，管理者主要指中层以上人员。

> **示例：**
>
> 截至 2017 年底，集团女性管理者在集团管理者中占比 25.97%。
>
> ——《中国铝业集团有限公司 2017 社会责任报告》(P43)

## S2.10　参加工会的员工比例

**【指标解读】**：根据《工会法》《中国工会章程》等规定，所有符合条件的企业都应该依法成立工会，维护职工合法权益是工会的基本职责。

> **示例：**
>
> 2017 年，中国黄金参加工会的员工比例为 100%。
>
> ——《中国黄金集团有限公司 2017 社会责任报告》(P105)

## S2.11　薪酬与福利体系

**【指标解读】**：本指标须披露企业为员工制定的薪酬和福利体系。员工的福利是员工的间接报酬，包括但不限于为减轻员工生活负担和保证职工基本生活而建立的各种补贴、为职工生活提供方便而建立的集体福利设施、为活跃职工文化生活而建立的各种文化体育设施等。

> **示例：**
>
> 公司高度重视福利体系和内部保障体系建设，提升员工幸福感，满足员工追求美好生活的向往，除了依法为员工缴纳社会保险和住房公积金外，公司还为员工提供补充医疗保险、带薪休假、过节费等福利项目。2017 年，公司结合企业新一轮发展需要，参考世界顶级人力资源咨询公司美世模型，设计了基于"个体特质、工作岗位、工作地点、绩效考核"4 个维度的 4P 薪酬模型，实现人力资源核心激励机制与公司业务分布全球、人员外派与轮调频繁基本用工情况的有机结合，实现了员工收入增长与企业效益增长相平衡。在 2017 年良好的市场环境和优异的经营业绩下，大幅提升一线员工收入，各单位非高管人均工资增幅达 12.7%，大幅高于权属企业高管 4% 的增长。
>
> ——《紫金矿业集团有限公司 2017 社会责任报告》（P61）

### S2.12　人均带薪年休假天数

**【指标解读】**：带薪年休假是指劳动者连续工作一年以上，就可以享受一定时间的带薪年假。其中，职工累计工作已满 1 年不满 10 年的，年休假 5 天；已满 10 年不满 20 年的，年休假 10 天；已满 20 年的，年休假 15 天。具体操作可参考现行的《职工带薪年休假条例》。

> **示例：**
>
> 2017 年，中国黄金人均带薪年休假天数 121 天。
>
> ——《中国黄金集团有限公司 2017 社会责任报告》（P105）

### S2.13　职业健康管理

**【指标解读】**：本指标指企业针对员工职业健康的保障措施。

**示例：**

公司高度重视职业健康安全管理工作，严格遵守《中华人民共和国职业病防治法》《职业病危害项目管理办法》等相关法律法规要求，秉承"企业、员工、社会协调发展"的企业价值观，践行"管生产必须管职业健康"的理念，积极推进职业健康管理与培训工作，强化职业病危害源头治理，预防和控制职业病发生。2017 年，公司严格履行员工"三岗"职业健康体检，全年集团接触职业危害人员体检率 100%，"一人一档"建档率 100%；粉尘、毒物、噪声等岗位职业危害因素达标率达到 98% 以上。

——《紫金矿业集团有限公司 2017 社会责任报告》(P54)

### S2.14　体检及健康档案覆盖率

**【指标解读】：** 本指标主要指企业正式员工中年度体检的覆盖率和职业健康档案的覆盖率。

**示例：**

中国黄金制定了《中国黄金集团公司职业卫生档案建设指导意见》（中金健康〔2016〕111 号），每年定期开展全员职业健康体检。各子公司安排专人负责，按照"一人一档"建立了员工职业健康监护档案，建档率 100%。企业对有职业禁忌证的员工，及时调整岗位。

——《中国黄金集团有限公司 2017 社会责任报告》(P75)

### S2.15　职业安全健康培训

**【指标解读】：** 职业安全健康培训主要指企业针对员工开展的关于职业安全健康知识、预防等内容的培训。

**示例：**

中国黄金将职业健康教育与培训纳入安全教育培训工作中，健康安全环保部自主建立了 HSE 考试系统，将职业健康知识作为重点培训内容，通过经常性的培训和严格的考试，提升企业员工的职业卫生防护知识和技能。

——《中国黄金集团有限公司 2017 社会责任报告》　(P75)

### S2.16 工作环境和条件保障

**【指标解读】**：工作环境和条件指职工在工作中的设施条件、工作环境、劳动强度和工作时间的总和。

> **示例：**
>
> 提供一个安全、健康的工作环境，并采取一切可能的有效措施，最大限度降低工作环境中的危害隐患，并能做到定期提供给员工有效的健康和安全指示，提供符合规定的劳动安全卫生条件的劳动防护用品。
>
> ——《中国黄金集团有限公司 2017 社会责任报告》(P26)

### S2.17 职业病防治制度

**【指标解读】**：企业需根据《中华人民共和国职业病防治法》以及《工作场所职业卫生监督管理规定》等政策法规，结合行业特征和企业实际，建立本企业的职业病防治制度。

> **示例：**
>
> 2017 年，中国黄金严格落实《中国黄金集团公司深化企业粉尘检测和危害治理工作的指导意见》，督导企业在可能存在职业危害的场所设置职业病危害因素告知牌和警示牌，使每一位现场作业人员都了解本岗位存在的职业危害和应对措施。集团公司从事前把控、事中管控、事后监控三个环节制定严密的防治计划，进一步建立完善作业场所职业危害因素防控体系。中国黄金督导各子公司对于容易产生矽尘的作业场所，采用加强机械通风排尘和湿式作业的方式，来降低矽尘含量；对存在噪声危害因素的场所，除了为每一位员工配发耳塞外，还设置了隔音室；在化验室操作间设置了通风机和酸雾吸收塔，为化验员配发劳动保护用品；等等。
>
> 个体防护作为控制职业病发生的最后一道防线，各矿山企业为员工配发符合国家标准的防尘口罩，在日常的安全巡查和检查中将正确佩戴和使用劳动保护用品作为一项重要的检查内容，纳入安全管理工作。
>
> ——《中国黄金集团有限公司 2017 社会责任报告》(P74)

## S2.18  年度新增职业病数

**【指标解读】**：本指标主要指企业披露的年度新增职业病和企业累计职业病发病数。

> **示例：**
>
> 2017 年，中国冶金科工股份有限公司职业病人数为 0。
>
> ——《中国冶金科工股份有限公司 2017 社会责任报告》(P80)

## S2.19  工伤预防制度和措施

**【指标解读】**：工伤预防是指事先防范职业伤亡事故以及职业病的发生、减少事故及职业病的隐患，改善和创造有利于健康的、安全的生产环境和工作条件，保护劳动者在生产、工作环境中的安全和健康。

> **示例：**
>
> 中国黄金大多数企业编制有企业职业危害事故应急整体预案或专项应急预案。同时，大多数企业对可能发生急性职业损伤的有毒、有害工作场所采取了设置报警装置，配置现场应急救援物品、冲洗设备、应急通风装置和必要泄险区等措施。
>
> ——《中国黄金集团有限公司 2017 社会责任报告》(P74)

## S2.20  员工心理健康援助

**【指标解读】**：企业需针对员工心理健康进行适当的关注和引导。员工心理健康是企业成功的必要因素，企业有责任营造和谐的氛围，帮助员工保持心理健康。

> **示例：**
>
> 中国黄金高度重视员工心理健康工作开展，各子公司通过开展员工心理健康培训、亲情文化上墙、职业健康法律法规学习、警示宣传片放映等活动，为员工保持健康工作心态提供帮助。
>
> ——《中国黄金集团有限公司 2017 社会责任报告》(P74)

## S2.21 员工培训体系

【指标解读】：企业培训体系是指在企业内部建立一个系统的、与企业的发展以及员工个人成长相配套的培训管理体系、培训课程体系、培训师资体系以及培训实施体系。

**示例：**

中国黄金高度重视人才队伍建设，按照"抓两头、促中间"的培养模式，紧紧围绕"管理人才、党务人才、技术人才、技能人才"四支队伍建设，从战略—组织—个人匹配的角度出发，突出体系建设，创新方式方法，搭建交流平台，注重培训成效，充分发挥人才的重要作用，分层分类开展人才培训与开发工作，构建了具有中国黄金特色的全员培训体系，为企业的转型发展提供坚强的人才保障。

针对子公司分布点多面广、地域偏远的特点，近年来，按照集团公司总部、板块区域、生产单位三个层级，协同集团公司党校（高培中心、安培中心）、人才培养基地、战略合作伙伴，依托黄金大讲堂、职工夜校等载体，中国黄金初步构建起上下联动、分工有序的三级人才培训与开发体系。

——《中国黄金集团有限公司 2017 社会责任报告》（P82）

## S2.22 年度培训绩效

【指标解读】：本指标包括人均培训投入、人均培训时间等培训绩效数据。

**示例：**

2017 年，集团层面累计举办管理类、党务类、技术技能类等培训班 30 多期，累计培训人员超过 3000 人次；企业层面依托黄金大讲堂、职工夜校等平台开展自主培训超过 1000 期，累计培训人员超过 5 万人次。

——《中国黄金集团有限公司 2017 社会责任报告》（P82）

## S2.23 职业发展通道

【指标解读】：职业通道是指一个员工的职业发展计划，职业通道模式主要分三类：单渠道模式、双通道模式、多通道模式。按职业性质又可分为管理类、技术类、研发类职业通道。

**示例：**

中国黄金关注员工素质能力成长，构建了管理类、技术类、技能类三重路径的核心人才队伍的职业发展通道。集团公司注重推选高层次人才，提升人才队伍含金量；加强技能人才培养，提高整体素质水平；建立培训转训机制，跟踪培训效果落地。种种举措为充分发挥员工个人价值、取得职业成功提供了广阔发展平台。

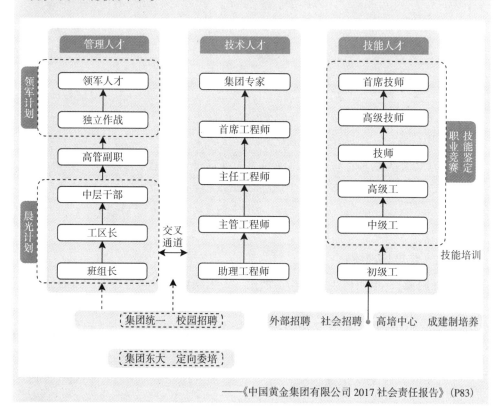

——《中国黄金集团有限公司 2017 社会责任报告》(P83)

### S2.24 生活工作平衡

**【指标解读】：** 生活工作平衡，又称工作家庭平衡，是指企业帮助员工认识和正确看待家庭同工作间的关系，调和工作和家庭的矛盾，缓解由于工作家庭关系失衡而给员工造成的压力。

**示例：**

中国中冶通过开展丰富多彩的文体活动，以提高员工文化素质、活跃员工文化生活，增强企业凝聚力为宗旨，积极开展健康向上的文体活动，不断丰富员工的精神文化生活，提高员工幸福感，增强企业凝聚力，努力打造幸福中冶。

——《中国冶金科工股份有限公司 2017 社会责任报告》(P48)

## S2.25 困难员工帮扶

**【指标解读】**：本指标主要指企业在帮扶困难员工方面的政策措施以及资金投入。

**示例：**

中国黄金党委、工会心系职工群众生活，积极建立自上而下的困难帮扶体系，各子公司每年对困难职工家庭进行摸底调研，建立困难职工信息档案。集团公司领导班子深入基层，2017 年末走访了 26 家权属公司 59 户困难户，了解基层公司困难职工生活情况。同时各子公司也在元旦、春节等节日前夕，积极组织开展送温暖活动，对患病职工、离退休失独老人、收入较低家庭提供援助。

——《中国黄金集团有限公司 2017 社会责任报告》(P88)

## S2.26 员工满意度

**【指标解读】**：本指标主要描述企业开展员工满意度调查的过程以及员工满意度调查结果。

**示例：**

2017 年，中国黄金员工满意度为 96.3%。

——《中国黄金集团有限公司 2017 社会责任报告》(P105)

## S2.27 员工流失率

**【指标解读】**：员工年度流失率=年度离职人员总数/(年初员工总数+年度入

职总数)。

> **示例：**
>
> 2017 年，中国黄金员工流失率为 5.7%。
>
> ——《中国黄金集团有限公司 2017 社会责任报告》(P105)

## (三) 安全生产 (S3)

### S3.1 安全生产标准化建设

【**指标解读**】：本指标主要指企业通过建立安全生产责任制，制定安全管理制度和操作规程，排查治理隐患和监控重大危险源，建立预防机制，规范生产行为，实现安全管理、操作行为、设备设施、作业环境标准化，并持续改进，不断加强企业安全生产规范化建设。

> **示例：**
>
> 中国黄金所有矿山企业全部通过标准化三级以上验收。其中，湖北三鑫公司、江西金山公司、内蒙古矿业公司等 5 家企业通过了国家安全标准化国家一级企业验收，38 家企业通过了国家安全标准化二级和三级验收。按安全标准化复评的要求，中国黄金要求通过安全标准化验收的企业着手开展复评工作，保证安全标准化建设工作的持续推进。
>
> ——《中国黄金集团有限公司 2017 社会责任报告》(P68)

### S3.2 安全应急管理机制

【**指标解读**】：本指标主要描述企业在建立应急管理组织、规范应急处理流程、制定应急预案、开展应急演练等方面的制度和措施。

> **示例：**
>
> 中国黄金制定了《安全生产应急管理暂行办法》，从安全生产应急预案管理、资源管理、信息管理、科技管理、队伍建设与管理，以及培训教育、运行保障等方面提出了明确要求。目前，集团公司建成了吉林海沟、河南秦岭、贵州金兴和辽宁二道沟 4 个国家应急救援基地，以及河南三门峡、河北

石湖 2 个国家应急培训演练基地，形成了区域应急救援能力，在提高自己行业企业救援能力的同时，努力服务周边企业，履行中央企业的社会责任。

——《中国黄金集团有限公司 2017 社会责任报告》(P71)

### S3.3　安全风险分级管控机制

**【指标解读】**：风险分级管控是指按照风险不同级别、所需管控资源、管控能力、管控措施复杂及难易程度等因素而确定不同管控层级的风险管控方式。

《非煤矿山安全生产"十三五"规划》要求矿山企业强化风险管控技术、制度和管理措施，健全安全风险公示警示和重大安全风险预警机制。建立企业安全风险公告、岗位安全风险确认和安全操作指导卡制度，落实企业安全风险分级管控岗位责任。

**示例：**

2017 年，集团公司依据国务院安委会办公室《关于实施遏制重特大事故工作指南构建双重预防机制的意见》，制定了《安全生产风险分级管控制度》和《企业安全生产风险分级管控实施指南》，同时，着力推行落实《关于印发非煤矿山领域遏制重特大事故工作方案的通知》（安监总管一〔2016〕60号）中 6 项重大风险防控措施。并在全集团矿山、冶炼企业推广实施，全面构建"把安全风险管控挺在隐患前面、把隐患排查治理挺在事故前面"的科学的安全生产管理体系。

——《紫金矿业集团有限公司 2017 社会责任报告》(P49)

### S3.4　隐患排查治理机制

**【指标解读】**：隐患排查治理是指企业组织安全生产管理人员、工程技术人员和其他相关人员，对本单位的事故隐患进行排查，并对排查出的事故隐患，按照事故隐患的等级进行登记，并进行整改和治理。

《非煤矿山安全生产"十三五"规划》要求矿山企业充分利用现代信息技术，推动建立互联网+隐患排查治理机制，建立健全矿山企业与政府互联互通的隐患排查治理信息管理系统，切实排查重大事故隐患。明确生产安全事故隐患自查自改自报标准，逐级完善从主要负责人到全体从业人员的隐患排查治理责任制度和隐患整改追责制度。

> **示例：**
>
> 2017 年，中国黄金共开展安全检查 93 次，特别是 7 月至 10 月，由集团公司总部领导分别带队成立 9 个安全检查组，共检查 55 家企业，查出隐患 489 项，实现了对矿山、冶炼、板块企业的全覆盖。通过强化对企业的检查和指导，促进了企业对安全的充分重视，提升了企业自我安全管控水平，以及现场安全措施落实力度，弥补了现场安全管理漏洞，减少了生产安全事故的发生。
>
> ——《中国黄金集团有限公司 2017 社会责任报告》(P69)

### S3.5 安全生产隐患

**【指标解读】**：本指标主要指企业披露的报告期内的安全生产隐患或安全生产危险源。

> **示例：**
>
> 推行挂牌督办：通过"红、黄、绿"三色预警机制对日常环保隐患进行督查落实，每月提交进展报告。其中，"红、黄、绿"三色预警分别指存在重大环保风险及环境安全隐患、较大环保风险及环境安全隐患、较小环保风险及环境安全隐患。

> ——《云南铜业股份有限公司 2017 社会责任报告》(P44)

### S3.6 危险化学品仓储、运输和回收管理

**【指标解读】**：本指标主要指企业在生产过程中严格按照国家《危险化学品安全管理条例》规定对危险化学品在采购、生产、使用、储存、经营、运输等环节

进行严格规定和管制。

> **示例：**
>
> 在危险化学品管理方面，中国黄金规范建立并逐步完善了危险化学品管理制度，对从事化学分析、实验、民爆、选矿等矿山生产工艺系统使用的化学危险品，在采购、运输、储存、使用等环节均进行了严格规定和管制，并在实际生产过程中按规定执行危险化学品的管理，做到了危险化学品的管理万无一失。
>
> ——《中国黄金集团有限公司 2017 社会责任报告》（P69）

### S3.7　易燃易爆产品管理

**【指标解读】**：本指标主要指企业在生产过程中严格按照国家《易燃易爆化学物品消防安全监督管理办法》规定，对易燃易爆化学物品在采购、生产、使用、储存、经营、运输等环节进行严格规定和管制。

> **示例：**
>
> 中国黄金各子公司逐年规范并不断加强易燃易爆品的仓储、运输和管理。建有专门的民爆物品、化学品、选矿药剂等危险品分类储存仓库，日常在储存、领用等环节严格执行"双人双锁"制度，确保危险品管理的万无一失。在民爆器材、氧气乙炔等危险品运输环节，具体安保工作由具备专业资质条件的供应方负责落实，在专业安保方面有效保障了危险品运输过程中的安全。对废弃的危险品，公司设立了临时危废分类储存管理中心，并与地方省市资质单位签订回收处理协议，定期回收处理。
>
> ——《中国黄金集团有限公司 2017 社会责任报告》（P70）

### S3.8　尾矿库管理

**【指标解读】**：为了预防和减少尾矿库生产安全事故，保障人民群众生命和财产安全，根据《安全生产法》《矿山安全法》等有关法律、行政法规，制定《尾矿库安全监督管理规定》，并于 2011 年 7 月 1 日起施行。

矿山企业尾矿库的建设、运行、回采、闭库及其安全管理均需遵守《尾矿库安全监督管理规定》。

> **示例：**
>
> 中国黄金连续 6 年对所有的尾矿库进行科学治理，并聘请国内知名尾矿专家，逐库进行安全诊断鉴定。2017 年，集团公司聘请专业机构对各子公司 71 提人竖井、65 座尾矿库进行了安全问题评估，诊断出尾矿库安全隐患 411 项，就全部安全隐患向相关企业下发了隐患整改通知书，同时对病库、险库挂牌督办。由于问题发现及时，整改到位，尾矿库全部安全运行，未发生任何安全事故。
>
> ——《中国黄金集团有限公司 2017 社会责任报告》(P70)

### S3.9 采空区专项治理

**【指标解读】**：《非煤矿山安全生产"十三五"规划》要求矿山企业采取充填、崩落等科学有效方式，及时消除采空区安全隐患，或采用封闭、监测、搬迁地表建筑等方式，控制采空区发生冒顶、透水、坍塌等事故的风险，或采取闭坑、转型、移交地方等方式，推动地质灾害治理和区域生态恢复。

> **示例：**
>
> 公司矿山采选产生的工业固体废物主要为废石和尾矿。废石除部分用于井下充填和综合利用外，其余均依法合规堆存，并按照企业《矿山生态环境保护与恢复治理方案》《绿色矿山建设规划》进行逐步绿化复垦，以减少对周边环境的影响。为实现对尾矿资源的再回收、再利用，公司积极探索尾矿综合利用技术，目前已有紫金山金铜矿、武平紫金、新疆阿舍勒、崇礼紫金、山西紫金、贵州紫金、奥同克公司等多家企业建立了充填站，将尾矿回填采空区。
>
> ——《紫金矿业集团有限公司 2017 社会责任报告》(P36)

### S3.10 对承包商安全管理的政策、制度及措施

**【指标解读】**：企业应执行承包商安全管理制度，对其资格预审、选择、服务前准备、作业过程、提供的产品、技术服务、表现评估、续用等进行管理。

**示例：**

中国黄金对采掘施工队伍安全管理办法进行了修订，印发了《中国黄金集团有限公司外包采掘（剥）工程安全管理办法》。施工队是当前集团公司易发生安全事故的群体，为了规范施工队管理，集团公司从源头、合同入手，狠抓施工队管理。

承包方式只允许采用清包，要通过与承包单位协商的方式，逐步收回井下主要生产系统、主要设备的所有权来达到清包，或在坑口新一轮对外承包经营时，实行清包方式。

严格控制企业施工队伍总数量。生产矿山工程施工队伍不超过 3 家；同一个中段只能招标 1 个施工队。

严禁将提升系统、通风系统、供（压）风系统、排水系统、供水系统、供配电系统、充填系统、炸药库、支护等主要系统或设施对外招标或委托承包单位管理。

承包单位生活区选址与住房建设原则上由发包单位负责，住房建好后租给承包单位人员居住，发包单位应杜绝承包单位或承包单位人员私搭乱建住房。

发包单位和承包单位应在承包合同中明确采矿、支护要求和支护单价。支护成本由发包单位承担并管理，发包单位负责提供支护设计，并按验收合格的支护工程支付工程款。

——《中国黄金集团有限公司 2017 社会责任报告》（P68）

## S3.11 安全文化建设

**【指标解读】**：根据企业内外部安全管理环境及实际需要制定安全文化发展战略及计划，以保证企业在安全文化建设中的主动性，从而塑造更为可行的适合企业安全发展需要的安全文化体系。

**示例：**

安全文化反映了一个企业对安全制度管理的态度。中国中冶组织开展全方位安全文化体系建设和全面安全教育培训，落实企业主体责任，强化员工的安全意识和能力，提高安全生产管理人员管理水平，实现安全生产。

安全培训：建立完善的全员安全培训体系，落实企业安全生产教育培训主体责任。

安全生产月：围绕"全面落实企业安全生产主体责任"的活动主题，持续开展"安全生产月"活动，加强各子公司对安全生产工作的教育及宣贯。

安全交流平台：开辟《中国冶金》报刊安全生产月专栏，2017 年发表安全生产相关文章 36 篇，宣传安全管理工作成绩、搭建管理经验交流平台。

——《中国冶金科工股份有限公司 2017 社会责任报告》（P43）

### S3.12 安全教育与培训

**【指标解读】**：安全培训主要指以提高安全监管检察人员、生产经营单位从业人员和从事安全生产工作的相关人员的安全素质为目的的教育培训活动。

> **示例：**
>
> 公司严格遵守国家对安全培训的要求，实现新入职员工安全培训人均72 学时以上，在岗再教育培训人均 20 学时以上。为落实年度安全教育培训计划，公司每季度组织实施一次大规模安全教育培训活动，参训人员覆盖集团各权属企业、各工程公司主要安全、生产管理人员，每次培训人数达1000 多人，通过奖励、表彰、通报批评等形式，确保了培训实效。
>
> ——《紫金矿业集团有限公司 2017 社会责任报告》（P54）

### S3.13 安全培训绩效

**【指标解读】**：本指标主要包括安全培训覆盖面、培训次数等数据。

> **示例：**
>
> 2017 年，中国中冶组织 93620 人进行健康及安全培训。
>
> ——《中国冶金科工股份有限公司 2017 社会责任报告》（P43）

### S3.14 安全生产投入

**【指标解读】**：本指标主要包括劳动保护投入、安全措施投入、安全培训投入等方面的费用。

示例：

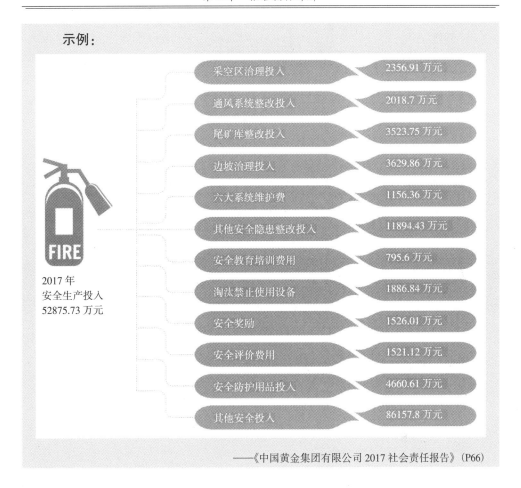

| | |
|---|---|
| 采空区治理投入 | 2356.91 万元 |
| 通风系统整改投入 | 2018.7 万元 |
| 尾矿库整改投入 | 3523.75 万元 |
| 边坡治理投入 | 3629.86 万元 |
| 六大系统维护费 | 1156.36 万元 |
| 其他安全隐患整改投入 | 11894.43 万元 |
| 安全教育培训费用 | 795.6 万元 |
| 淘汰禁止使用设备 | 1886.84 万元 |
| 安全奖励 | 1526.01 万元 |
| 安全评价费用 | 1521.12 万元 |
| 安全防护用品投入 | 4660.61 万元 |
| 其他安全投入 | 86157.8 万元 |

2017 年
安全生产投入
52875.73 万元

——《中国黄金集团有限公司 2017 社会责任报告》（P66）

### S3.15　安全生产事故数

【指标解读】：本指标主要指企业报告期内披露的生产安全事故数据。

根据生产安全事故（以下简称事故）造成的人员伤亡或者直接经济损失，事故一般分为以下等级：特别重大事故，是指造成 30 人以上死亡，或者 100 人以上重伤（包括急性工业中毒，下同），或者 1 亿元以上直接经济损失的事故；重大事故，是指造成 10 人以上 30 人以下死亡，或者 50 人以上 100 人以下重伤，或者 5000 万元以上 1 亿元以下直接经济损失的事故；较大事故，是指造成 3 人以上 10 人以下死亡，或者 10 人以上 50 人以下重伤，或者 1000 万元以上 5000 万元以下直接经济损失的事故。

**示例：**

| 指标 | 2017 年 | 2016 年 | 2015 年 |
|---|---|---|---|
| 安全生产事故数（人） | 3 | 13 | — |

——《中国黄金集团有限公司 2017 社会责任报告》（P104）

## S3.16　员工伤亡人数

【指标解读】：本指标主要包括员工工伤人数、员工死亡人数等数据。

**示例：**

| 指标 | 2017 年 | 2016 年 | 2015 年 |
|---|---|---|---|
| 员工伤亡人数（人） | 4 | 13 | 9 |

——《中国黄金集团有限公司 2017 社会责任报告》（P104）

# （四）社区责任（S4）

社区责任主要包括本地化运营、公益慈善、志愿服务和精准扶贫四个方面，每个板块又分为若干指标。

## S4.1　社区沟通和参与机制

【指标解读】：本指标主要指企业新建项目时需建立与社区代表的定期沟通交流等机制，让社区代表参与项目建设与开发。

**示例：**

我们针对企业运营决策对社区产生的影响，因地制宜地建立社区代表参与项目建设的机制，了解各方需求，友好协商，谋求共识。

● 我们与地方政府通力合作，参与社区活动，了解社区需求。

● 我们与社区居委会有效沟通，组织恳谈会，回应居民诉求。

● 我们在重点海外项目设立"公告板"机制，公开就业、培训及援助分配信息，赢得原住民信任。

——《中国铝业集团有限公司 2017 社会责任报告》（P76）

## S4.2　完善社区基础设施

**【指标解读】**：本指标主要指企业开展项目周边基础设施建设，维护当地水利、电力设施，修筑道路，兴建医院、学校等公共设施，改善社区交通、卫生医疗、教育、电力和水利等基础条件。

**示例：**

中国中冶积极推动项目周边配套基础设施建设和产业发展，促进当地就业，改善当地能源状况、饮水、医疗卫生、教学条件，推动当地民生改善。2017 年，公司投资 417.8 万元，帮扶社区发展。

——《中国冶金科工股份有限公司 2017 社会责任报告》（P71）

## S4.3　带动地方经济发展

**【指标解读】**：本指标主要指企业充分运用当地优势资源，结合企业技术和管理优势，为所在区域的原材料供应商和产品销售商提供增值空间，带动和促进当地中小企业发展，繁荣当地经济、创造税收。

**示例：**

紫金山金铜矿积极带动地方企业协同发展，引导当地企业学习先进生产技术、管理经验，并实施外向型持续发展。2017 年，公司吸收了近 20 支当地工程队参与金铜矿的生产项目建设，通过项目承建实施，不仅解决了当地 2000 多个富余劳动力就业增收问题，还推进了当地经济社会发展。为构建和谐村企关系、改善村民生活条件，紫金山金铜矿全年累计为周边社区的石圳村、迳美村、同康村发放租地补偿金和固定投资回报金等 1000 余万元，极大地改善了村民生活。紫金山金铜矿积极配合地方政府，实施迳美村异地搬迁工程，已完成大部分入户测量、二装登记等前期工作，签约腾房工作正有序开展中。

——《紫金矿业集团有限公司 2017 社会责任报告》（P66）

## S4.4　尊重、保护社区的文化传统和遗产

**【指标解读】**：本指标主要描述企业在项目建设过程中尊重社区的文化传统和

宗教信仰，保护社区文化遗产。

> **示例：**
>
> 我们在决策和运营中，注重保障原住民发展权益，尊重原住民文化、传统、习俗、宗教信仰等社区特性和多元化价值，保护文化遗产，尽可能多地提供教育和培训，努力做到"造福一方百姓，繁荣一方文化，促进一方和谐"。
>
> ——《中国铝业集团有限公司 2017 社会责任报告》（P81）

### S4.5 移民与补偿

**【指标解读】**：矿山企业应尽量减少矿区的非自愿移民，必要时进行公正补偿。在项目开发阶段，如土地征用有可能产生潜在的物理或经济影响，应制定民生恢复计划。尽力避免任何可能因采矿和生产导致的作业区附近定居受限的情况发生。

> **示例：**
>
> 中国黄金在项目开发和建设过程中，对涉及的移民和补偿的，严格按照法律、法规和地方政府相关规定，与移民群众及时沟通协商，做好移民规划和补偿、安置等相关工作，妥善处理移民后续事宜。
>
> ——《中国黄金集团有限公司 2017 社会责任报告》（P89）

### S4.6 员工本地化政策

**【指标解读】**：员工本地化主要指企业在运营过程中优先雇用所在地劳动力。其中，员工本地化最重要的是管理层（尤其是高级管理层）的本地化。

> **示例：**
>
> 中国黄金坚持属地化招工政策，实施本地化和本土化人员的招聘，确保企业生产经营所在国或所在地人员的就业。各子公司在落实企业用工管理制度的基础上，有计划地分期分批招聘当地适龄人员，进行专业化培训。同时，积极配合地方政府做好失业人员的安置，按国家政策接收地方政府安置

的退伍军人及残疾人员，为地方政府创建和谐社会和安定团结做出了自己的贡献。

——《中国黄金集团有限公司 2017 社会责任报告》（P91）

## S4.7　本地化雇佣比例

**【指标解读】**：本指标主要指本地员工占运营所在地机构员工的比例。

**示例：**

2017 年，集团及所属企业共缴纳税款 98 亿元，本地化用工率达到 90% 以上。

——《中国铝业集团有限公司 2017 社会责任报告》（P80）

## S4.8　本地化采购政策

**【指标解读】**：本指标主要指企业在运营过程中优先采购运营所在地供应商产品。

**示例：**

提高属地化采购率，帮助当地供应商、分包商等合作伙伴提升技术水平、能力，实现与当地的合作共赢。

——《中国铝业集团有限公司 2017 社会责任报告》（P82）

## S4.9　支持社区妇女、土著居民、农户、牧民和渔民的发展

**【指标解读】**：本指标主要指企业进入社区开展生产经营，应重点确保弱势群体——包括妇女、土著居民、农民、牧民、渔民的利益，支持这些利益相关方的发展。

**示例：**

帮助村民建设美丽宜居乡村、乡村道路升级改造、生猪代养合作社、发展特色农副产业及开展爱心支教等活动，解决了贫困地区村民没有项目支撑作为经济来源、饮水难、交通不便、无照明等实际困难，提高了村民的自我

造血功能。

——《云南铝业股份有限公司 2017 可持续发展报告》(P57)

## S4.10　公益方针或主要公益领域

【指标解读】：本指标主要指企业的社会公益政策以及主要的公益实践领域。

**示例：**

集团开展的公益慈善主要领域有援青援藏、希望工程、定点扶贫、赈灾救济等。

● 援藏工作：2017 年投入援藏资金 1300 万元，重点帮扶项目 3 个。

● 援青工作：2017 年投入援青资金 350 万元，搭建了交流交往、技术援青和教育援青三大平台，集团干部职工共结对帮扶了 150 名海晏县贫困学生，帮扶资金达 33 万元。

● 希望工程：2017 年，集团继续投入"格桑花"教育基金 100 万元，用于开展希望学校建设。

● 定点扶贫：2017 年，集团各有关企业针对定点扶贫县、镇（乡）、村的实际情况，积极创新扶贫新方法、探索新路径，制定和落实帮扶项目 43 个，共投入帮扶资金（含无偿、有偿和物资折款）8367.7 万元。

● 赈灾救济：建立赈灾救济工作机制，在突发事件发生时，第一时间开展灾难救助、慈善捐款。

——《中国铝业集团有限公司 2017 社会责任报告》(P78)

## S4.11　建立企业公益基金/基金会

【指标解读】：本指标主要描述企业成立的公益基金/基金会以及公益基金会/基金会的运营情况。

**示例：**

为了更加专业地开展慈善活动，打造我国矿业界的慈善公益平台，公司于 2012 年 8 月出资 2 亿元发起成立我国黄金行业第一家全国性非公募基金会——紫金矿业慈善基金会，并常年联合其他专业社会组织在全国范围内开展扶贫、济困、赈灾等社会救助及助学助教、环境保护等慈善活动，传播公益火种。2017 年，紫金矿业慈善基金会在第十四届（2017）中国慈善榜中位列全国非公募基金会榜单第 18 位，获评福建省人民政府颁发的"弘扬人道、扶残助残爱心单位"称号，并顺利通过民政部 2017 年度检查，全年公益支出 2242.7 万元。

——《紫金矿业集团有限公司 2017 社会责任报告》（P69）

## S4.12　捐赠总额

**【指标解读】**：本指标主要指企业年度资金捐助以及年度物资捐助总额。

> **示例：**
>
> 2017 年，中国黄金捐赠总额为 1121 万元。
>
> ——《中国黄金集团有限公司 2017 社会责任报告》（P105）

## S4.13　打造品牌公益项目

**【指标解读】**：品牌项目指在国家、社会和公众高度关注而发展程度较低的社会、环境领域，企业开展的有一定社会影响力并且取得了显著成效的公益项目。打造品牌公益项目，能够有效发挥其对社会责任工作的重点工作牵引作用和资源整合平台作用。

> **示例：**
>
> 2017 年，中铝集团启动公益品牌建设，推出"同心缕+"的公益品牌名称及标识，致力于统筹规划、有序推进集团旗下的公益项目。"同心缕"即"同心结"，"同心缕"分别为"铜、稀、铝"的近音字，突出了行业特色。"同心"寓意中铝集团关心各利益相关方需求，愿与各方同心协力，为社会创造价值。"缕"寓意各方力量凝聚在一起，还有涓涓细流的意思，寓意中铝集团将秉承可持续的理念开展公益活动。
>
> ——《中国铝业集团有限公司 2017 社会责任报告》（P78）

### S4.14　支持志愿者活动的政策、措施

【指标解读】：志愿服务主要指不以获得报酬为目的，自愿奉献时间和智力、体力、技能等，帮助其他人、服务社会的公益行为。

**示例：**

集团制定和执行《志愿服务章程》，规范志愿服务管理。各企业开展了"关爱农民工子女""关爱空巢老人""青年志愿服务进社区""义务献血""义务劳动"等多个志愿服务精品项目。2017 年，我们全面推广青年志愿者注册制度，现有青年志愿组织 206 个，注册志愿者 17607 人，"一对一"长期结对帮扶青年 537 人。

——《中国铝业集团有限公司 2017 社会责任报告》(P82)

### S4.15　员工志愿者活动绩效

【指标解读】：本指标主要指志愿者活动的时间、人次等数据。其中，志愿者服务时间是指志愿者实际提供志愿服务的时间，以小时为计量单位，不包括往返交通时间。

**示例：**

2017 年紫金矿业集团组织志愿者活动 4600 余人次，服务时数约 1.2 万小时。

——《紫金矿业集团有限公司 2017 社会责任报告》(P71)

### S4.16　助力精准扶贫

【指标解读】：消除贫困是全人类的共同理想，也是当今时代的重要主题。"坚决打赢脱贫攻坚战"和"让贫困人口和贫困地区同全国一道进入全面小康社会"是党和政府的庄严承诺。

一般采矿业企业应发挥资源优势助力脱贫攻坚，坚持矿产开发与扶贫相结合，支持贫困地区依托资源优势，推动矿业经济、地质旅游等特色优势产业发展，促进脱贫致富。

示例：

党的十九大报告指出，脱贫攻坚仍旧任务艰巨，从现在到 2020 年是全面建成小康社会决胜期。中国黄金积极投身到扶贫攻坚的国家战略中，专门成立扶贫工作领导小组，制定扶贫规划，选拔优秀中青年骨干挂职县委常委、副县长和第一村书记，开展对贵州贞丰县、河南新蔡县的定点对口扶贫；开设"宏志班"，致力于教育扶贫，解决贫穷学生入学和就业；结合贫困地区自身特点，帮助发展特色农作物；做好饮水、供电、道路等基础设施建设。各子公司通过对口帮扶、捐资助学、设立助学基金等多种途径，积极承担社会责任，展现了作为中央企业的担当精神。

——《中国黄金集团有限公司 2017 社会责任报告》(P16)

## S4.17　专、兼职扶贫人员数量

【指标解读】：本指标主要指企业专职或兼职从事精准扶贫的员工数量。

示例：

先后派出两批共 6 人到当地挂职副县长和"第一书记"，为开展"项目扶贫""产业扶贫"奠定基础。

——《中国冶金科工股份有限公司 2017 社会责任报告》(P62)

## S4.18　扶贫专项资金投入

【指标解读】：企业应披露报告期内投入开展扶贫活动的专项资金总额。

示例：

2017 年，精准扶贫投入 61.67 万元。

——《云南铜业股份有限公司 2017 社会责任报告》(P75)

## S4.19　脱贫人口数量

【指标解读】：本指标主要指通过企业帮扶和地区自身发展而摆脱贫困的人口数量。

# 五、环境绩效（E 系列）

环境绩效主要描述企业在节能减排、应对气候变化、保护环境方面的责任贡献，主要包括绿色经营、绿色生产和绿色矿山三个部分，如图 4-5 所示。

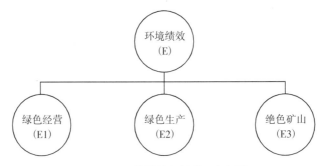

图 4-5　环境绩效包括的二级板块

## （一）绿色经营（E1）

### E1.1　环境管理体系

**【指标解读】**：建立环境管理组织体系和制度体系。企业应建立环境管理组织负责公司的环境管理工作，并制定相应计划、执行、检查、改进等环境管理制度。

示例：

中国黄金按照建设环境友好型社会的要求，结合黄金生产特点，重点从被动治理转向污染防治与生态恢复并重，着重黄金氰化渣和尾矿库的管理，解决土地复垦、水土保持等重大问题，切实做好生态保护。集团公司做出了打造"绿色黄金"的黄金承诺，从顶层设计的高度将企业、企业负责人、普通员工的行为纳入法制轨道。建立并不断完善环境管理体系，形成横到边、纵到底的环保管理网络，将主要环保指标、重点环保项目纳入其中进行责任考核，层层分解目标责任，保证措施的落实。

——《中国黄金集团有限公司 2017 社会责任报告》(P50)

### E1.2  环境影响评价

【指标解读】：根据《中华人民共和国环境影响评价法》，环境影响评价是指对规划和建设项目实施后可能造成的环境影响进行分析、预测和评估，提出预防或者减轻不良环境影响的对策和措施，进行跟踪检测的方法和制度。

除国家规定需要保密的情形外，对环境可能造成重大影响、应编制环境影响报告书的建设项目，建设单位应当在报批建设项目环境影响报告书前，举行论证会、听证会，或者采取其他形式，征求有关单位、专家和公众的意见。

**示例：**

2017 年，紫金矿业继续加强新改扩建项目的环评和竣工验收等环节的监管，要求各权属企业严格遵守《中华人民共和国环境影响评价法》进行建设项目环境影响评价工作，在项目设计、建设和运营过程中执行环境保护"三同时"制度，保障工程项目的顺利建设。

——《紫金矿业集团有限公司 2017 社会责任报告》(P40)

### E1.3  环保预警及应急机制

【指标解读】：应建立环境预警机制，以识别、监测和评估潜在的事故或紧急情况，采取措施预防和减少可能的环境影响，针对各种环境事故制定并演练应急预案。

**示例：**

公司不断完善环境应急管理体系建设，不仅在集团层面成立了环境应急领导机构，各权属企业也设立了突发环境事件应急指挥部，并按照国家环保部发布的《关于印发突发环境事件应急预案暂行管理办法的通知》和《国家突发环境事故应急预案》的相关要求，根据生产工艺、产污环节及环境风险，制定了相应的《突发环境事件应急预案》，并按照规定报属地环保主管部门备案。同时，各权属企业定期组织不同类型的环保应急实战演练，落实预防预警及应急措施，做到从源头至末端全过程控制，提高防范和处置突发环境事件的技能，增强实战能力。

——《紫金矿业集团有限公司 2017 社会责任报告》（P30）

## E1.4 环保技术研发与应用

**【指标解读】**：描述企业在环保技术研发和应用方面的激励制度和相关实践。

**示例：**

我们坚持"点石成金，造福人类"的社会责任观，致力于环境保护的新技术开发和管理创新，以实现自身发展与环境保护的统一。

有色金属冶炼烟气多污染物协同控制技术：2017 年，中铝集团与中科院过程工程所、上海交大、昆明理工等共同申报国家重点研发计划项目，研发适用于有色金属冶炼烟气的多种污染物协同减排技术及成套装备，已获立项批准。

赤泥综合利用技术：中铝集团开发出 6 项赤泥利用技术，主要用于废气、污水、重金属土壤治理、土地复垦等，提升了赤泥安全存放和资源化利用水平。自主研发的赤泥用于烟气脱硫技术完成工业试验，使烟气二氧化碳实现超低排放（每立方小于 35 毫克）；赤泥土壤改良剂技术在中州铝业建成试验线，产品已在湖南等地示范应用；赤泥选铁技术在 3 条生产线上应用，每年从赤泥中回收利用铁精矿能力 50 万吨。

固废无害化处理技术：此技术已应用于电解铝企业。包头铝业电解废槽衬无害化处理生产线 2017 年在包头铝业全线投运，经过无害化处理后的废槽衬氟化物浸出浓度为 6 毫克/升（国家标准 100 毫克/升），属于 Ⅰ 类一般固废。

超低排放技术：铝电解节能技术——FHEST 技术在集团 8 家电解铝企业的 363 台电解槽实施，平均节电 500kW·h/t-Al 以上。"新型双碱法"技术，应用于华兴 3 台大型锅炉脱硫，达到超低排放要求。电解铝单位产品氧化物排放量为 0.24 千克，优于国家工信部 2013 年第 36 号《铝行业规范条件》规定的小于 0.6 千克/吨的要求。

——《中国铝业集团有限公司 2017 社会责任报告》（P55）

## E1.5　环保培训和宣教

**【指标解读】**：本指标是指企业对员工（或利益相关方）开展的关于环境保护方面的培训或宣传工作。

**示例：**

围绕 2017 年环保工作目标，中国黄金组织开展了多期环保培训，包括环境监测工培训、企业生态文明建设培训和环保主体责任履行培训等。2017年共组织各子公司参加环保类培训班 4 次，共培训包含环境检测工在内的多种专业技术人员 401 人，为今后开展环境保护工作打下坚实的基础。

——《中国黄金集团有限公司 2017 社会责任报告》(P52)

## E1.6　环保培训绩效

**【指标解读】**：本指标包括环保培训人数、环保培训投入、环保培训时间等。

**示例：**

针对不同岗位人员开展具有针对性的环保知识宣贯培训，特别是铝板块环保管理人员的专项培训，全面增强员工的环保法律意识和环保管理水平。

| 时间 | 科目 | 培训对象 | 培训人数 |
|---|---|---|---|
| 2017-03-30 | 危废培训 | 铝板块各企业环保管理人员 | 52 |
| 2017-08-10 | 企业申报排污许可证培训 | 铝板块各企业环保管理人员 | 52 |
| 2017-08-24 | 环境风险分级管控及隐患排查专项培训 | 铝板块各企业环保管理人员 | 32 |
| 2017-10-19 | 公司产品生命周期评价培训 | 铝板块各企业统计、环保管理人员 | 46 |

——《云南铝业股份有限公司 2017 可持续发展报告》(P25)

## E1.7　环保总投资

**【指标解读】**：本指标是指年度投入环境保护的资金总额。

**示例：**

2017 年中国黄金环境保护总投入 16781 万元。

——《中国黄金集团有限公司 2017 社会责任报告》(P50)

### E1.8 应对气候变化

【指标解读】：本指标描述企业通过自身行动减缓气候变化速率和缓解适应气候变化带来的生态系统退化。

> 示例：
>
> 在全球变暖的大背景下，中国中冶注重温室气体的排放与管理。公司致力于技术创新，从源头上减少运营过程中的温室气体排放，努力降低公司运营对气候变化的影响。境内子公司严格按照国家发展和改革委员会发布的《温室气体排放核算方法与报告指南》进行温室气体排放量核算工作，建立温室气体排放核算工作体系，广泛推动企业低碳发展。
>
> ——《中国冶金科工股份有限公司 2017 社会责任报告》（P60）

### E1.9 碳强度

【指标解读】：单位产值的二氧化碳排放量。

> 示例：
>
> 温室气体排放量 5888231 吨，温室气体排放密度 0.26 吨/万元，海外资源开发类企业温室气体排放量 8311824 吨。
>
> ——《中国冶金科工股份有限公司 2017 社会责任报告》（P60）

### E1.10 非化石能源比重

【指标解读】：企业使用非化石能源量占能源使用总量的比例。

### E1.11 碳汇

【指标解读】：本指标描述通过植树造林、森林管理、植被恢复等措施，利用植物光合作用吸收大气中的二氧化碳，并将其固定在植被和土壤中，从而减少温室气体在大气中浓度的过程、活动或机制。

> 示例：
>
> 中铝集团积极响应并带头践行《巴黎协定》，2017 年 6 月，发起"联合降碳倡议"，主动履行降碳倡议，完善碳资产管理架构体系，纳入碳交易的

32 家试点企业有 26 家完成了碳资产盘查。参与国家有关有色金属行业碳交易政策制定工作，组织 2 期碳交易知识培训。截至 2017 年底，中铝新能源总装机 1509.1 兆瓦（运行），其中风电装机 1355.8 兆瓦（含在建风电装机 50 兆瓦）、光伏发电装机203.3 兆瓦。宁夏能源率先在宁夏回族自治区建设了第一个风电场、第一个光伏实验电站和大型并网电站。郑研院"中国温室气体自愿减排交易项目（CCER）审定与核证机构"资质成功备案。2017 年，集团 $SO_2$ 排放量 4.54 万吨，同比下降 2.08%；氮氧化物排放量 4.055 万吨，同比下降 6.75%。

——《中国铝业集团有限公司 2017 社会责任报告》（P54）

### E1.12 绿色办公措施

**【指标解读】**：绿色办公政策或措施，包括但不限于：夏季空调温度不低于 26℃；办公区采用节能灯具照明，且做到人走灯灭；办公区生活用水回收再利用；推广无纸化办公，且打印纸双面使用；办公垃圾科学分类；推行视频会议、减少员工出行等。

**示例：**

我们开展办公精益化管理，倡导员工绿色出行，鼓励员工节水、节电、节纸，全方位推进绿色办公。

节纸：采用 OA 办公系统办公，会议资料全部使用平板电脑查阅、投影播放，实现无纸化办公。

节油：公司总经理亲自带头，3 公里以内使用公共交通出行，不安排专车接送；鼓励员工采用步行、自行车、公共交通等方式上下班，实现绿色出行。

节能：进行绿色信息化建设；下班后及时关闭电脑、电灯等电器设备。

——《云南铜业股份有限公司 2017 社会责任报告》（P53）

### E1.13 绿色办公绩效

**【指标解读】**：包括办公用电量、用水量、用纸量以及垃圾处理量等方面的数据。

**示例：**

● 推行无纸化办公，通过 OA 协同自动化办公系统、ERP、财务共享系统等信息化办公系统处理日常审批工作，全年办理电子流程达 200 余万件，减少 A4 办公用纸约 300 万张，相当于减排约 6000 吨二氧化碳。

● 利用视频、平板电脑会议等方式取代传统会议，全年集团公司的远程视频会议达 2120 次，相当于减排约 7900 吨二氧化碳。

——《紫金矿业集团有限公司 2017 社会责任报告》（P44）

### E1.14 环保公益活动

**【指标解读】**：环保公益活动是指企业出人、出物或出钱赞助和支持某项环保公益事业的活动。

**示例：**

各企业组织员工参与"6·5"世界环境日、全国低碳日、全国节能周等活动，投身环保公益，增强环保意识。2017 年，中铝集团参加中国绿化基金会组织的绿色公民行动"十元点亮阿拉善"项目探访活动。

——《中国铝业集团有限公司 2017 社会责任报告》（P55）

## （二）绿色生产（E2）

### E2.1 采购和使用环保原材料

**【指标解读】**：企业优先购买和使用对环境负面影响较小的环境标志产品，促进企业环境行为的改善，推动绿色消费。

**示例：**

中铝集团利用先进的技术装备优势，驱动工艺、质量、产品、环保等方面的变革和进步，加快实现铝、铜、稀有稀土"从原料到材料、从材料到部件、从部件到产品"的三个转变，以铝代木、以铝代钢、以铝代铜，拓展应用范围，为社会发展注入新动力，为人们美好生活提供更优选择。

——《中国铝业集团有限公司 2017 社会责任报告》（P19）

## E2.2　淘汰落后设备、工艺、材料

**【指标解读】**：本指标指矿山企业淘汰老旧设备和采选工艺，使用先进、节能、清洁的采选装备和工艺。

> **示例：**
>
> 抛丸机设备老旧，对大气造成了一定的污染。为响应节能减排号召，中国二十冶钢结构分公司斥资 170 万元更新了 2 台抛丸机，新投入的 VOCs 减排设施通过密闭空间喷涂，吸附 VOCs，经过催化燃烧处理，减排率大于 90%，很大程度上减少了大气污染。
>
> ——《中国冶金科工股份有限公司 2017 社会责任报告》(P59)

## E2.3　提高能源使用效率

**【指标解读】**：本指标指企业在生产过程中管理能量消耗，提高发挥作用的实际消耗占实际消耗的能源比。

> **示例：**
>
> 中国中冶积极推行各类水资源管理、能源管理、土地资源管理等政策，加强节水管理，提高能源效率，合理利用土地资源。
>
> ● 设备设有节能的控制措施。
> ● 对主要耗能施工设备定期进行耗能计量核算。
> ● 淘汰高耗能设备。
> ● 材料选用缩短运输距离，减少能源消耗。
> ● 在施工现场合理利用可再生能源。
>
> ——《中国冶金科工股份有限公司 2017 社会责任报告》(P59)

## E2.4　合同能源管理

**【指标解读】**：合同能源管理是指节能服务公司与用能单位以契约形式约定节能项目的节能目标，节能服务公司为实现节能目标向用能单位提供必要的服务，用能单位以节能效益支付节能服务公司的投入及其合理利润的节能服务机制。其实质是以减少的能源费用来支付节能项目全部成本的节能业务方式。

合同能源管理的国家标准是《合同能源管理技术规范》（GB/T24915-2010），国家支持和鼓励节能服务公司以合同能源管理机制开展节能服务，享受财政奖励、营业税免征、增值税免征和企业所得税免三减三优惠政策。

**示例：**

通过开展节能宣传周和全国低碳日等活动，宣传能效"领跑者"、节能技术、合同能源管理、碳排放管理等节能减排知识；组织节能检查，包括现场能源使用情况，能源介质"跑、冒、滴、漏"现象，能源介质不合理使用现象，皮带、风机、泵等设备空转情况；通过开展"践行新理念、建功'十三五'"主题劳动竞赛等活动，引导广大员工开展小革新、小发明、小改造、小设计、小建议"五小"活动，依靠员工智慧实现节能降耗。

——《中国铝业股份有限公司 2016 环境、社会与管治报告》(P22)

### E2.5 全年能源消耗总量及减少量

**【指标解读】：**本指标是指报告期内企业生产和运营所直接消耗的各种能源和减少的能源用量折合标准煤数量。一般情况下，纳入统计核算的常规能源产品（实物量）分为五大类，即煤、油、气、电、其他燃料。

**示例：**

中国黄金 2017 年全年能源消耗总量及减少量分别为 36.2569 万吨标准煤、0.6649 万吨标准煤。

——《中国黄金集团有限公司 2017 社会责任报告》(P53)

### E2.6 单位产值综合能耗

**【指标解读】：**本指标指报告期内企业综合能耗与报告期内净产值之比，通常以万元产值综合能耗/万元增加值综合能耗为单位进行计量。

**示例：**

中国黄金 2017 年单位产值综合能耗 0.0675 吨标准煤/万元。

——《中国黄金集团有限公司 2017 社会责任报告》(P53)

### E2.7　使用清洁能源的政策、措施

**【指标解读】**：清洁能源是指环境污染物和二氧化碳等温室气体零排放或者低排放的一次能源，主要包括天然气、核电、水电及其他新能源和可再生能源等。新能源是指在新技术基础上开发利用的非常能源，包括风能、太阳能、海洋能、地热能、生物质能、氢能、核聚变能、天然气水合物等；可再生能源是指风能、太阳能、水能、生物质能、地热能、海洋能等连续、可再生的非化石能源。

**示例：**

中国黄金把利用可再生能源作为节能减排的一项重要措施，鼓励各子公司因地制宜尽可能地利用太阳能、水能、风能等清洁能源。有效利用这些能源在降低企业生产成本的同时更取得了良好的环境效益和社会效益。

——《中国黄金集团有限公司2017社会责任报告》(P54)

### E2.8　清洁能源使用量

**【指标解读】**：本指标是指企业在报告期内对新能源、可再生能源或清洁能源的使用数量。

**示例：**

中国黄金2017年清洁能源使用量13564吨标准煤。

——《中国黄金集团有限公司2017社会责任报告》(P54)

### E2.9　节约水资源政策、措施

**【指标解读】**：企业要完善企业节水管理，加强定额管理，完善用水量，加强节水技术改造，推进工业废水回用，提高水资源重复利用率，提高职工节水意识。

**示例：**

中国黄金为建设节水型企业，要求采用氰化工艺产生的尾矿需要干排，最大限度实现水的循环利用；采用浮选工艺产生的尾矿原则上应实现高浓度排放，回收尾矿中的水送回选矿流程循环使用。积极应用新工艺、新技术和新设备对现有生产系统进行升级改造，减少耗水量。积极回收矿山井下涌水

和生活污水，经处理后用于工业生产。

——《中国黄金集团有限公司 2017 社会责任报告》(P55)

### E2.10　年度新鲜水用水量

【指标解读】：工业用新鲜水量指报告期内企业厂区内用于生产和生活的新鲜水量（生活用水单独计量且生活污水不与工业废水混排的除外），它等于企业从城市自来水取用的水量和企业自备水用量之和。

示例：

中国黄金 2017 年新鲜水用水量 3018.25 万立方米。

——《中国黄金集团有限公司 2017 社会责任报告》(P55)

### E2.11　单位工业增加值新鲜水耗

【指标解读】：工业增加值指全部企业工业增加值，不限于规模以上企业工业增加值。单位工业增加值新鲜水耗=工业用新鲜水量/工业增加值。

示例：

中国黄金 2017 年单位工业增加值新鲜水耗 28.49 立方米/万元。

——《中国黄金集团有限公司 2017 社会责任报告》(P55)

### E2.12　选矿废水循环利用的制度、措施

【指标解读】：矿山企业应建立规范完备的水循环处理设施和矿区排水系统，充分利用矿井水，循环使用选矿废水。采选过程中产生的废水，应经过固定废水处理设施处理后分质循环利用，力求实现闭路循环，节约水资源，未循环利用的部分应处理达标后排放。

示例：

为强化废水源头管控和末端治理，减少废水产生量，杜绝违规废水排放，各权属企业开展清污分流、废水分类收集、分质处理和循环利用工作，并积极探索引进环境污染第三方治理模式，强化末端深度处理过程。处理后

的废水大部分作为工业水回收利用，其余按照所在国的废水排放标准达标外排。各外排口均按要求安装在线监测系统，与环保部门联网，实现监测公开透明。2017 年，各权属企业污水处理达标排放率达 100%，未对水环境系统造成明显影响。

——《紫金矿业集团有限公司 2017 社会责任报告》（P32）

## E2.13  选矿废水循环利用率

【指标解读】：本指标主要指报告期内企业选矿废水循环利用率。选矿废水循环利用率应不低于 85%。

---

**示例：**

废水处理方面，公司辨证施治，根据废水特性，采用有针对性的方法处理采矿废水、废石场废水及尾矿库废水，废水循环利用率达 90% 以上。

——《中国黄金集团有限公司 2017 社会责任报告》（P63）

---

## E2.14  减少废气排放的政策、措施或技术

【指标解读】：一般情况下，企业生产废气主要包括二氧化硫、二氧化氮、可吸入颗粒物、大气细颗粒物等。

---

**示例：**

中国黄金积极响应《国务院关于印发大气污染防治行动计划的通知》（国发〔2013〕37 号），通过企业减排工作推进企业环保水平提升，汇总分析了企业的二氧化硫、氮氧化物、化学需氧量和氨氮排放量，将国资委下达的减排任务分解到每一个企业。集团公司先后增加了锅炉脱硫脱硝、办公照明、除尘风机改造等多个节能减排项目，在用锅炉均已建成脱硫除尘系统，2017 年进一步优化处理效果，基本完成了锅炉除尘设施提标改造，并配备 24 小时不间断监测系统，积极公开排放数据，接受公众监督，确保达标排放。同时，安装尾矿库降尘系统，减少尾矿扬尘带来的大气污染。

——《中国黄金集团有限公司 2017 社会责任报告》（P55）

### E2.15 废气排放量及减排量

**【指标解读】**：本指标主要指报告期内企业的废气排放量及减排量。

> **示例：**
>
> SO₂排放量同比下降19.04%，氮氧化物排放量同比下降15.63%，SO₂排放量4.31万吨，比计划下降35%，氮氧化物排放量1.82万吨，比计划下降66.9%。
>
> ——《中国铝业集团有限公司2017社会责任报告》(P59)

### E2.16 减少废水排放的制度、措施或技术

**【指标解读】**：本指标所指废水主要指报告期内企业生产的生活污水以及生产废水。

矿区生活污水应处置达标，处理后的水应符合GB8978的规定，宜回用于矿区绿化或达标排放。

废水排放，必须符合国家相关工业污染物排放标准，同时在国土开发密度较高、环境承载力较弱或水环境容量较小、生态环境脆弱、容易发生水污染问题而需要采取特别保护措施的区域，应严格遵守相关政府部门有关规定，控制矿区选矿废水的排放。

> **示例：**
>
> 中国黄金积极推广尾矿压滤干排技术，对水采用循环利用工艺，所有废水不外排，水的循环利用率达到96%，只需补充被尾矿带走的少量水即可。同时，各子公司均在尾矿坝外实施了导渗沟工程，将渗出大坝的水进行回收利用，防止大坝外渗水对环境污染。大多数子公司选矿厂工艺水和尾矿浓缩水，分别直接返回或通过选矿厂回水系统返至选矿厂高位水池内重复利用。生活污水经污水处理站处理后，用于采矿场洒水、车间地面冲洗、矿区道路洒水、排土场洒水及工业场地绿化等。
>
> ——《中国黄金集团有限公司2017社会责任报告》(P56)

### E2.17 废水排放量及减排量

**【指标解读】**：本指标主要指报告期内企业的废水排放量及减排量。

工业废水重复利用率 97.11%，COD、氨氮排放量分别为 607.68 吨、60.19 吨，比计划分别下降 57%、137%；废水循环利用 25 亿吨。

——《中国铝业集团有限公司 2017 社会责任报告》(P59)

### E2.18　化学需氧量排放量及减排量

【指标解读】：本指标主要指企业在报告期内的化学需氧量排放量及减排量方面的统计。

示例：

2017 年，企业固体废弃物排放量 817 万吨，废气排放总量 322.61 万立方米，磷煤化工生产废水"零排放"，矿山废水排放总量 683.65 万吨，其中化学需氧量、氨氮、二氧化硫、氮氧化物四项总量控制污染物排放量分别为 0 吨、0 吨、2146.86 吨、173.28 吨，下属各子公司污染物排放总量全部控制在与地方政府签订的减排目标责任书以内。

——《开磷控股集团 2017 社会责任报告》(P40)

### E2.19　减少固体废弃物排放的政策、措施或技术

【指标解读】：本指标主要指报告期内企业减少固体废弃物排放的制度或措施。

示例：

中国黄金积极做好固体废物性质鉴别工作，对固体废物进行分类管理。对危险废物实行全过程管理，严格按照危险废物有关标准贮存、处置。选择具有相应处置能力的危险废物经营单位转移处置危险废物，严禁将危险废物交无资质单位处理。同时，加大尾矿、废石等大宗固体废物的井下充填和再利用，实现固体废物的减量化、资源化。

——《中国黄金集团有限公司 2017 社会责任报告》(P57)

### E2.20　固体废弃物安全贮存

【指标解读】：矿山固体废物和尾矿堆积场所选址必须符合国家有关法律法规

的要求。

对废石、尾矿等固体废弃物分类处理，并安排专用、规范的堆积场所，符合安全、环保、监测等规定，采取防扬散、防渗透或其他防治二次污染环境的措施，不得流泻到划定矿区范围外或造成污染。

在可能产生大气污染的矿山固体废弃物堆放场所，应采取封闭、遮挡、洒水、喷洒覆盖剂等方式抑制粉尘污染。对于可能对水体产生污染、危害较重的固体废物应采取专门堆放措施，对固体废物堆放处及其周围的地表、地下水质及土壤进行动态监测，预防固体废物污染水体、土壤。对尾矿库、排土场（废石场）、废渣场等堆场、边坡进行不稳定边坡和土壤环境破坏监测，确保消除诱发滑塌等潜在地质灾害和环境污染隐患。

> **示例：**
>
> 公司矿山采选产生的工业固体废物主要为废石和尾矿。废石除部分用于井下充填和综合利用外，其余均依法合规堆存，并按照企业《矿山生态环境保护与恢复治理方案》《绿色矿山建设规划》进行逐步绿化复垦，以减少对周边环境的影响。为实现对尾矿资源的再回收、再利用，公司积极探索尾矿综合利用技术，目前已有紫金山金铜矿、武平紫金、新疆阿舍勒、崇礼紫金、山西紫金、贵州紫金、奥同克公司等多家企业建立了充填站，将尾矿回填采空区。
>
> ——《紫金矿业集团有限公司 2017 社会责任报告》(P36)

### E2.21　固体废弃物排放量及减排量

【指标解读】：本指标主要指报告期内企业产生和处置的废弃物量。

> **示例：**
>
> 冶金渣是冶金企业在生产过程中产生的固体废弃物。中冶宝钢技术开展技术创新，以固体废弃物制备冶金渣混凝土空心隔墙板，其中冶金渣利用率达到 80% 以上，产品各性能指标符合《灰渣混凝土空心隔墙板标准》(GB/T23449-2009) 要求。年产 40 万平方米的墙板厂利用该技术，预计每年消纳钢渣、矿渣、粉煤灰炉渣 100 万吨以上，减少水泥量约 30 万吨，减少煤耗

3.54 万吨，减少 $CO_2$ 排放 21.84 万吨，减少天然石材约 40 万吨。

——《中国冶金科工股份有限公司 2017 社会责任报告》（P60）

### E2.22　噪声污染控制

【指标解读】：矿区机械设备应安装消声装置或场地修筑隔音设施，降低施工噪声。有噪声污染的机械设备应远离居民区或采用建筑物隔离。

**示例：**

在居民密集区和重要的旅游区，设置声屏障，桩基采用旋挖钻机施工，减少施工噪声。

——《中国冶金科工股份有限公司 2017 社会责任报告》（P70）

### E2.23　绿色包装

【指标解读】：本指标主要指企业在进行产品包装时采取减量化包装、包装物循环使用等方式，减小产品包装物对环境的影响。

**示例：**

2017 年，中铝国贸分别在中州至林州、华兴至包铝两条线路开展"点对点"循环袋使用推广，发运氧化铝 29 万余吨，共计循环使用 20.1 万条次，大幅降低了包装材料能源消耗。探索氧化铝运输告别包装袋，联合郑州铁路局货运处、郑州铁路局焦作车务段、中国船级社郑州分社等全力推进氧化铝散装集装箱发运，在中州至青海线路完成了散装集装箱氧化铝发运实验。

——《中国铝业集团有限公司 2017 社会责任报告》（P57）

### E2.24　绿色运输

【指标解读】：描述企业对产品/原材料运输过程的环境保护考量。

**示例：**

分别在中州至林州、华兴至包铝两条线路开展"点对点"循环袋使用推广，共计循环使用 20.1 万条次，发运氧化铝 29 万余吨。其中，中州物流单个包装袋循环使用达 73 次，内蒙古物流单个包装袋循环使用 31 次，大幅降低了包装材料能源消耗。联合郑州铁路局货运处、郑州铁路局焦作车务段、中国船级社郑州分社全力推进氧化铝散装集装箱发运，在中州至青海线路完成了散装集装箱氧化铝发运实验，未来氧化铝发运将告别包装袋时代，在运输节能方面实行了新跨越。

——《中国铝业集团有限公司 2017 社会责任报告》（P65）

# （三）绿色矿山（E3）

## E3.1 保护生物多样性

**【指标解读】**：根据《生物多样性公约》，"生物多样性"是指所有来源的活的生物体中的多样性，这些来源包括陆地、海洋和其他水生生态系统及其所构成的生态综合体；不指物种内、物种之间和生态系统的多样性。一般而言，在涉及生物多样性保护的项目中，组织可采取以下两种方式保护生物多样性：

（1）就地保护。就地保护是指为了保护生物多样性，把包含保护对象在内的一定面积的陆地或水域划分出来，进行保护和管理。就地保护的对象，主要包括有代表性的自然生态系统和珍稀濒危动植物的天然集中分布区等。就地保护是生物多样性保护中最为有效的一项措施。

（2）迁地保护。迁地保护是指为了保护生物多样性，把因生存条件不复存在，物种数量极少或难以找到配偶而生存和繁衍受到严重威胁的物种迁出原地，移入动物园、植物园、水族馆和濒危动物繁殖中心，进行特殊的保护和管理，是对就地保护的补充。迁地保护的最高目标是建立野生群落。

**示例：**

生物多样性是人类赖以生存的条件，是生态安全的保障。我们坚持"既要金山银山，更要绿水青山"的理念，追求生产发展与生态保护的平衡，保护生态环境，造福子孙后代。

建立生态补偿机制。建立健全生态环境保护长效机制，加强资源开发与建设项目的生态管理，对矿山、取土采石场等资源开发地区、大型建设项目导致的土地毁损及时抓好治理和生态恢复，提高复垦区水土保持功能。建设生态功能区，保护生物多样性。

加强生态保护管理。严格执行环境影响评价、"三同时"制度，对于新建项目，要求环评批复或备案作为项目开工建设的必要前置条件。严格执行资源开发规划，不乱开不乱采，并实施全过程生物多样性保护。项目立项前，开展前期生物多样性调查；项目建设中，注重所在地区内生物多样性的完整和保护。

——《中国铝业集团有限公司 2017 社会责任报告》（P61）

### E3.2 在工程建设中保护自然栖息地、湿地、森林、野生动物廊道、农业用地等

【指标解读】：本指标说明了企业在工程建设中对自然、生态的保护意识、行为、活动或措施。

**示例：**

紫金矿业始终坚持"人与自然和谐发展""在开发中保护，在保护中开发"的绿色生态理念，全面推进绿色矿山建设。为加强矿山裸露区域的生态恢复治理，提高矿山土地复垦与生态恢复工作的科学性、合理性和可操作性，公司根据国家绿化、水土保持、土地复垦、矿山生态环境恢复治理等方面的法律、法规和技术标准，制定《土地绿化复垦与水保措施管理技术标准》，指导各权属企业"因地制宜、因矿而异"地做好生态环境治理、恢复和绿化工作，确保矿山生态资源得到永续利用。2017 年，公司各权属企业共恢复植被面积 516.15 公顷，种植树木 64.6 万株，累计投入水保生态恢复资金 1.27 亿元。

——《紫金矿业集团有限公司 2017 社会责任报告》（P37）

### E3.3 不在世界遗产地或法律保护区内勘探或开采

【指标解读】：矿山企业需确保在世界遗产地已开展的作业、世界遗产地周边已开展和即将开展的作业不影响这些遗产，采取合理措施减少可能的不利影响。

### E3.4 矿区生态恢复与重建制度、措施

【指标解读】：生态恢复是指对生态系统停止人为干扰，以减轻负荷压力，依

靠生态系统的自我调节能力与自我组织能力使其向有序的方向进行演化，或者利用生态系统的自我恢复能力，辅以人工措施，使遭到破坏的生态系统逐步恢复或使生态系统向良性循环方向发展。生态恢复的目标是创造良好的条件，促进一个群落发展成为由当地物种组成的完整生态系统，或为当地的各种动物提供相应的栖息环境。

本指标说明了企业在矿区生态恢复与重建方面所做的工作。矿区生态恢复与重建，有助于促进社区生态文明建设。

**示例：**

中国黄金遵循在开发中保护、在保护中开发的理念，坚持"边开采、边治理"的原则，从源头上控制生态环境的破坏，减少对生态环境影响。根据矿山实际，按"整体生态功能恢复"和"景观相似性"原则，因地制宜采取切实可行的恢复治理措施，恢复矿区整体生态功能。坚持矿产资源开发与生态环境恢复治理同步进行，优先抓好生态破坏与环境污染严重的重点恢复治理工程。鼓励广泛应用新技术、新方法，选择适宜的保护与治理方案，努力提高矿山生态环境保护和恢复治理成效和水平。

——《中国黄金集团有限公司 2017 社会责任报告》(P59)

### E3.5 矿区保育制度

**【指标解读】**："保育"包含"保护（Protection）"与"复育（Restoration）"两个内涵，前者是针对生物物种与其栖息地的保存与维护，后者是针对濒危生物的育种、繁殖与对退化生态系统的恢复、改良和重建工作。

### E3.6 节约使用土地资源的制度、措施

**【指标解读】**：本指标主要指报告期内企业在节约使用土地资源方面的制度、措施。

**示例：**

中国黄金高度重视节约、集约用地，力争做到"保护方寸地，留于子孙耕"。集团公司将节约使用土地资源作为耕地保护制度的重大举措，提升土地资源对经济社会发展的承载能力和利用效益，建立了体系完备、措施有

力、切实可行的节约使用土地制度。

——《中国黄金集团有限公司 2017 社会责任报告》（P58）

### E3.7 避免或减少土壤污染的制度

【指标解读】：本指标主要指报告期内企业控制或减轻采矿作业对土壤环境污染的制度和技术措施。

**示例：**

中国黄金发展清洁生产工艺，加强"三废"治理，有效地消除、削减控制重金属污染源。对涉氰、涉重企业的尾矿库采取防渗处理，严格将污染物控制在厂区范围内，处理达标后排放，杜绝污染物对地下水和土壤造成影响。

——《中国黄金集团有限公司 2017 社会责任报告》（P58）

### E3.8 土地复垦制度

【指标解读】：土地复垦主要指对采矿活动中毁坏的土地采取整治措施，使其达到可供利用状态的活动。

闭坑矿区（采区）压占、毁损土地及闭库的尾矿库应在三年内进行土地复垦，土地复垦活动必须遵循相关法律法规规定和有关规划，严格按照矿产资源开发利用方案、矿山地质环境保护与土地复垦方案及相关行业标准要求进行，按计划、如期完成各阶段土地复垦工作量，提交达到质量要求的恢复后的场地绿化景观成果。

**示例：**

为提高当地人民今后的生活水平及耕地数量，锦丰公司正努力与州、县政府合作，自筹资金计划实施磺厂沟土地复垦规划变更项目。该项目的实施，复垦后适合耕种作物的大约 716 亩农用地将被交给政府。目前，已经完成 330 亩耕地的复垦工作和 363 亩的林地复垦工作。

——《贵州锦丰矿业有限公司 2016 年度企业社会责任报告》（P19）

### E3.9 露天矿排土场复垦率

【指标解读】：本指标主要指企业复垦的露天矿排土场占总体的比率。

> **示例：**
>
> 2017 年，中国黄金露天矿排土场复垦率 6.76%。
>
> ——《中国黄金集团有限公司 2017 社会责任报告》(P32)

### E3.10 矿区地质灾害防治

【指标解读】：矿区规划和建设过程中，应严格落实环境影响评价和地质灾害评估结果，并在矿山地质环境保护与土地复垦方案中制定相应的处理措施。

强化矿区地质环境监测活动，消除因矿山生产活动造成的不稳定边坡、地表塌陷、地裂缝、地面沉降等地质灾害隐患。

> **示例：**
>
> 保护矿山及周边区域的自然环境是锦丰公司的核心价值观。我们的理念是确保使矿山环境不差于开发前，力争好于开发前。锦丰公司自成立以来，始终严格按照国家相关环境政策进行建设和生产，并且在生产各个环节认真履行各项环境保护和治理恢复义务。公司每年在地质灾害治理、矿山地质环境保护与综合治理以及土地复垦方面都有着很大的投入，并且已取得了很好的效果。
>
> ——《贵州锦丰矿业有限公司 2016 年度企业社会责任报告》(P19)

### E3.11 矿山闭坑规划

【指标解读】：矿山企业应有矿山闭坑设计和实施方案。对矿山闭坑后土地资源的利用有规划方案，除矿区土地复垦之外，有条件的可以规划为矿山公园、科普基地等。

矿山到达闭坑条件时，矿山开采主体应编制矿山闭坑地址报告（包括有关采掘工程、采空区、安全隐患等），提交矿山闭坑报告及土地复垦利用、环境保护的资料，并按规定报请审查批准。

**示例：**

绿色发展是黄金行业可持续发展的必然选择，即从地质勘探、矿山设计与建设、采选冶加工到矿山闭坑后的生态环境恢复重建的全过程，都要按照资源利用集约化、开采方式科学化、企业管理规范化、生产工艺环保化、采矿充填常态化、矿山环境生态化的要求开发经营，实现矿产资源开发与生态环境保护协调发展。

——《中国黄金集团有限公司 2017 社会责任报告》（P50）

# 六、报告后记（A 系列）

报告后记部分主要包括对未来社会责任的计划、关键绩效、企业社会责任荣誉、对报告的点评及评价、报告参考及索引、读者意见反馈六个方面，如图 4-6 所示。

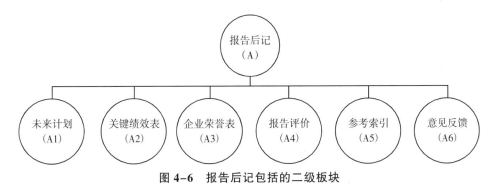

**图 4-6 报告后记包括的二级板块**

## （一）未来计划（A1）

公司对社会责任工作的规划。本部分主要描述企业对公司社会责任工作四个方面（责任管理、市场绩效、社会绩效和环境绩效）的规划与计划。

**示例：**

2018 年是贯彻党的十九大精神的开局之年，也是云南铜业顺应中国铜业和云铜集团一体化改革，建立健全机关部门，以崭新的面貌独立运作的第一年。我们要深入学习贯彻落实党的十九大精神，结合云南铜业实际，一如既往地秉承"责任诚信 开放卓越"的核心价值观，知行合一、积极作为，为"建设成为最具成长性的中国一流铜业公司"迈出最坚实的步伐。

● 精彩价值·共"铜"创造

更加重视企业规范治理，严控内外风险，深入推进生产管理能力提升工程，不断提升竞争力，继续维护好股东合法权益，为股东创造更大价值。

- 预计营业收入较 2017 年同比上升 22%左右。
- 预计高纯阴极铜产量 65 万吨，同比增长 3.82%。

● 产业繁荣·共"铜"成就

实施"安全环保质量"三大攻坚战，巩固深化安全生产大检查成果，深入开展安全检查工作，坚决堵塞安全、消防管理漏洞，从严从细抓实安全工作和职业健康，持续加大研发经费投入，提升自主创新能力。

- 预计研发投入金额 46886.30 万元，同比下降 12.01%。
- 预计科技计划项目 45 项，同比增长 21.62%。

● 绿色生态·共"铜"守护

全面落实环境管理岗位责任制，降低环保风险，推动节能、降耗、减污、提效稳步发展，实施矿山复垦，推动人与自然和谐共生的发展。

- 预计环保投入 11500 万元，同比增长 2.45%。
- 预计当年现价产值能耗 60 千克标准煤/万元，同比下降 2.02%。

● 幸福企业·共"铜"发展

加大人才的选拔培养力度，持续完善考核与激励机制，改善员工工作环境，保障员工安全和职业健康，用心帮扶特殊员工、困难员工。

- 预计新增就业人员 150 人，同比下降 32.43%。

● 和谐社区·共"铜"构建

落实帮扶举措，持续在特色产业帮扶、水电路交通设施建设、教育帮扶、医疗卫生健康帮扶、村容村貌改善等多方面引进更多资金，加大帮扶力度。

- 预计公益事业及扶贫捐赠资金 230 万元，同比增长 58.98%。
- 预计累计志愿服务时间 3800 小时，同比增长 8.57%。

——《云南铜业股份有限公司 2017 社会责任报告》(P72)

## （二）关键绩效表（A2）

企业年度社会责任关键数据的集中展示。关键责任绩效主要从定量的角度出发披露公司在报告期内取得的重大责任绩效，包括但不限于：财务绩效；客户责任绩效；伙伴责任绩效；员工责任绩效；社区责任绩效；环境责任绩效等。

**模板**

| 关键指标 | 单位 | 2015 年 | 2016 年 | 2017 年 |
|---|---|---|---|---|
| 管理类绩效 | | | | |
| …… | …… | …… | …… | …… |
| 经济类绩效 | | | | |
| …… | …… | …… | …… | …… |
| 社会类绩效 | | | | |
| …… | …… | …… | …… | …… |
| 环境类绩效 | | | | |
| …… | …… | …… | …… | …… |

## （三）企业荣誉表（A3）

企业年度社会责任重要荣誉的集中展示。主要指公司报告期内在责任管理、市场责任、社会责任和环境责任方面获得的重大荣誉奖项。

**模板**

| 荣誉类别 | 评奖机构 | 荣誉称号 |
|---|---|---|
| 责任管理类 | …… | …… |
| 市场绩效类 | …… | …… |

续表

| 荣誉类别 | 评奖机构 | 荣誉称号 |
|---|---|---|
| 社会绩效类 | …… | …… |
| 环境管理类 | …… | …… |

## （四）报告评价（A4）

社会责任专家或行业专家、利益相关方或专业机构对报告的评价。本部分主要描述企业社会责任报告的可信性。报告评价主要有以下四种形式。

● 专家点评：即由社会责任研究专家或行业专家对企业社会责任报告的科学性、可信性以及报告反映的企业社会责任工作信息进行点评。

● 利益相关方评价：即由企业的利益相关方（股东、客户、供应商、员工、合作伙伴等）对企业社会责任报告的科学性、可信性以及报告反映的企业社会责任工作信息进行评价。

● 报告评级：即由"中国企业社会责任报告评级专家委员会"从报告的过程性、完整性、实质性、平衡性、可比性、可读性和创新性等方面对报告做出评价，出具评级报告。

● 报告审验：即由专业机构对企业社会责任报告进行审验。

## （五）参考索引（A5）

对本指南要求披露指标的采用情况。本部分主要描述企业对报告编写参考指南的应用情况，即对报告编写参考指南要求披露的各条信息进行披露的情况。

**模板**

### 《CASS-CSR4.0 报告指南》指标索引

| | 指标编号 | 指标描述 | 披露位置 | 披露情况 |
|---|---|---|---|---|
| 指标编号 | P1.1 | 质量保证 | 封1 | 完全采用 |
| | …… | …… | …… | …… |

续表

| | 指标编号 | 指标描述 | 披露位置 | 披露情况 |
|---|---|---|---|---|
| 责任管理 | G1.1 | 企业使命、愿景、价值观 | | |
| | …… | …… | …… | …… |
| 市场绩效 | M1.1 | 规范公司治理 | | |
| | …… | …… | …… | …… |
| 社会绩效 | S1.1 | 守法合规体系建设 | | |
| | …… | …… | …… | …… |
| 环境绩效 | E1.1 | 环境管理体系 | | |
| | …… | …… | …… | …… |

## （六）意见反馈（A6）

读者意见调查表及读者意见反馈渠道。本部分主要内容为读者意见调查表以及读者意见反馈的渠道。

**模板**

本报告是××向社会公开发布的第××份企业社会责任报告，为持续改进公司社会责任工作，不断提高履行社会责任的能力和水平，我们非常希望倾听您的意见和建议。恳请您协助完成反馈意见表中提出的相关问题，并选择以下方式反馈给我们。

公司：　　　　部门：

中国　　　　省（市）　　　区　　路　　号

邮政编码：

联系电话：

电子邮箱：

**您的信息**

姓　　名：

工作单位：

职　　务：

联系电话：

电子邮箱:

**意见反馈**

1. 您对公司社会责任报告的总体评价是什么?

好　　　　较好　　　　一般

2. 您认为本报告对于公司对经济、社会和环境的重大影响的反映程度如何?

高　　　　较高　　　　一般　　　　较低　　　　低

3. 您认为本报告所披露信息、数据、指标的清晰、准确、完整度如何?

好　　　　较好　　　　一般　　　　差　　　　不了解

4. 您最满意本报告哪一方面?

5. 您希望进一步了解哪些信息?

6. 您对我们今后发布报告还有哪些建议?

# 七、指标速查表

## (一) 行业特征指标表 (47 个)

表 4-1　特征指标

| 类别 | 指标名称 | 定性指标 (●) | 核心指标 (★) |
|---|---|---|---|
| | | 定量指标 (⊕) | 扩展指标 (☆) |
| 市场绩效部分 (19 个) | | | |
| M2.1 | 矿产资源储备 | ●/⊕ | ★ |
| M2.2 | 生产技术工艺装备现代化 | ● | ★ |
| M2.3 | 矿山开采机械化 | ● | ★ |
| M2.4 | 生产管理信息化 | ● | ★ |
| M2.5 | 矿产资源综合开发 | ● | ★ |
| M2.6 | 持续改进采矿工艺 | ● | ★ |
| M2.7 | 提高采矿回采率的制度、措施 | ● | ★ |

续表

| 类别 | 指标名称 | 定性指标（●） | 核心指标（★） |
| | | 定量指标（⊕） | 扩展指标（☆） |
|---|---|---|---|
| M2.8 | 采矿回采率 | ⊕ | ★ |
| M2.9 | 持续优化选矿工艺 | ● | ★ |
| M2.10 | 提高选矿回收率的制度、措施 | ● | ★ |
| M2.11 | 复杂与深部资源高效开采 | ● | ★ |
| M2.12 | 选矿回收率 | ⊕ | ★ |
| M2.13 | 提高共伴生矿产资源综合利用率的制度、措施 | ● | ★ |
| M2.14 | 共伴生矿产资源综合利用率 | ⊕ | ★ |
| M2.15 | 提高固体废弃物综合利用率的制度、措施 | ● | ★ |
| M2.16 | 固体废弃物综合利用率 | ⊕ | ★ |
| M2.17 | 残矿回收的制度、措施 | ● | ★ |
| M2.18 | 残矿回收量 | ⊕ | ★ |
| M4.15 | 深化国际矿业合作 | ● | ★ |
| 社会绩效部分（11 个） | | | |
| S3.1 | 安全生产标准化建设 | ● | ★ |
| S3.3 | 安全风险分级管控机制 | ● | ★ |
| S3.4 | 隐患排查治理机制 | ● | ★ |
| S3.5 | 安全生产隐患 | ● | ★ |
| S3.6 | 危险化学品仓储、运输和回收管理 | ● | ★ |
| S3.7 | 易燃易爆产品管理 | ● | ★ |
| S3.8 | 尾矿库管理 | ● | ★ |
| S3.9 | 采空区专项治理 | ● | ★ |
| S3.10 | 对承包商安全管理的政策、制度及措施 | ● | ★ |
| S4.4 | 尊重、保护社区的文化传统和遗产 | ● | ☆ |
| S4.5 | 移民与补偿 | ●/⊕ | ★ |
| 环境绩效部分（17 个） | | | |
| E2.12 | 选矿废水循环利用的制度、措施 | ● | ★ |
| E2.13 | 选矿废水循环利用率 | ⊕ | ★ |
| E2.15 | 废气排放量及减排量 | ⊕ | ★ |
| E2.18 | 化学需氧量排放量及减排量 | ⊕ | ★ |
| E2.20 | 固体废弃物安全贮存 | ● | ★ |
| E2.22 | 噪声污染控制 | ● | ★ |

| 类别 | 指标名称 | 定性指标（●） | 核心指标（★） |
| --- | --- | --- | --- |
| | | 定量指标（⊕） | 扩展指标（☆） |
| E3.1 | 保护生物多样性 | ● | ★ |
| E3.2 | 在工程建设中保护自然栖息地、湿地、森林、野生动物廊道、农业用地等 | ● | ★ |
| E3.3 | 不在世界遗产地或法律保护区内勘探或开采 | ● | ★ |
| E3.4 | 矿区生态恢复与重建制度、措施 | ● | ★ |
| E3.5 | 矿区保育制度 | ● | ☆ |
| E3.6 | 节约使用土地资源的制度、措施 | ● | ★ |
| E3.7 | 避免或减少土壤污染的制度 | ● | ★ |
| E3.8 | 土地复垦制度 | ● | ★ |
| E3.9 | 露天矿排土场复垦率 | ⊕ | ★ |
| E3.10 | 矿区地质灾害防治 | ● | ★ |
| E3.11 | 矿山闭坑规划 | ● | ★ |

## （二）核心指标表（157 个）

表 4-2　核心指标

| 类别 | 指标名称 | 定性指标（●） |
| --- | --- | --- |
| | | 定量指标（⊕） |
| 第一部分：报告前言（P 系列） | | |
| （P1）报告规范 | | |
| P1.2 | 信息说明 | ● |
| P1.3 | 报告体系 | ● |
| （P2）高管致辞 | | |
| P2.1 | 履行社会责任的形势分析与战略考量 | ● |
| P2.2 | 年度社会责任工作进展 | ● |
| （P3）责任聚焦 | | |
| P3.1 | 社会责任重大事件 | ● |
| P3.2 | 社会责任重点议题进展及成效 | ● |
| （P4）企业简介 | | |
| P4.1 | 组织架构及运营地域 | ● |

续表

| 类别 | 指标名称 | 定性指标（●）<br>定量指标（⊕） |
|------|----------|------------------|
| P4.2 | 主要产品、服务和品牌 | ● |
| P4.3 | 企业规模与影响力 | ● |
| 第二部分：责任管理（G 系列） | | |
| （G1）愿景 | | |
| G1.1 | 企业使命、愿景、价值观 | ● |
| G1.2 | 企业社会责任理念或口号 | ● |
| （G2）战略 | | |
| G2.2 | 重大性社会责任议题识别与管理 | ● |
| G2.3 | 社会责任战略规划与年度计划 | ● |
| （G3）组织 | | |
| G3.1 | 社会责任领导机构及工作机制 | ● |
| G3.2 | 社会责任组织体系及职责分工 | ● |
| （G4）制度 | | |
| G4.1 | 制定社会责任管理制度 | ● |
| （G5）能力 | | |
| G5.1 | 组织开展社会责任培训 | ●/⊕ |
| （G6）参与 | | |
| G6.1 | 识别和回应利益相关方诉求 | ● |
| G6.2 | 社会责任内外部沟通活动 | ● |
| 第三部分：市场绩效（M 系列） | | |
| （M1）股东责任 | | |
| M1.1 | 规范公司治理 | ● |
| M1.2 | 全面风险管理 | ● |
| M1.3 | 廉洁管理 | ● |
| M1.6 | 成长性 | ⊕ |
| M1.7 | 收益性 | ⊕ |
| M1.8 | 安全性 | ⊕ |
| （M2）资源可持续开发 | | |
| M2.1 | 矿产资源储备 | ●/⊕ |
| M2.2 | 生产技术工艺装备现代化 | ● |

| 类别 | 指标名称 | 定性指标（●）<br>定量指标（⊕） |
|---|---|---|
| M2.3 | 矿山开采机械化 | ● |
| M2.4 | 生产管理信息化 | ● |
| M2.5 | 矿产资源综合开发 | ● |
| M2.6 | 持续优化采矿工艺 | ● |
| M2.7 | 提高采矿回采率的制度、措施 | ● |
| M2.8 | 采矿回采率 | ⊕ |
| M2.9 | 持续优化选矿工艺 | ● |
| M2.10 | 提高选矿回收率的制度、措施 | ● |
| M2.11 | 复杂与深部资源高效开采 | ● |
| M2.12 | 选矿回收 | ⊕ |
| M2.13 | 提高共伴生矿产资源综合利用率的制度、措施 | ● |
| M2.14 | 共伴生矿产资源综合利用率 | ⊕ |
| M2.15 | 提高固体废弃物综合利用率的制度、措施 | ● |
| M2.16 | 固体废弃物综合利用率 | ⊕ |
| M2.17 | 残矿回收的制度、措施 | ● |
| M2.18 | 残矿回收量 | ⊕ |
| (M3) 客户责任 | | |
| M3.1 | 产品质量管理体系 | ● |
| M3.3 | 坚持创新驱动 | ● |
| M3.4 | 科研平台建设 | ● |
| M3.5 | 研发投入 | ⊕ |
| M3.6 | 科研人才培养 | ● |
| M3.7 | 科技工作人员数量及比例 | ⊕ |
| M3.8 | 新增专利数 | ⊕ |
| M3.9 | 重大创新奖项 | ● |
| M3.10 | 科技成果产业化 | ●/⊕ |
| M3.11 | 客户关系管理体系 | ● |
| (M4) 产业链责任 | | |
| M4.1 | 坚持诚信经营公平竞争 | ● |
| M4.2 | 经济合同履约率 | ⊕ |

续表

| 类别 | 指标名称 | 定性指标（●）<br>定量指标（⊕） |
|------|----------|------------------|
| M4.3 | 战略共享机制和平台 | ● |
| M4.4 | 保护知识产权 | ● |
| M4.5 | 助力行业发展 | ● |
| M4.6 | 针对供应商的社会责任政策、倡议和要求 | ● |
| M4.8 | 供应商社会责任审查的流程与方法 | ● |
| M4.13 | 供应商通过 ISO14000 体系认证的比率 | ⊕ |
| M4.14 | 供应商通过 OHSAS18000 体系认证的比率 | ⊕ |
| M4.15 | 深化国际矿业合作 | ● |

第四部分：社会绩效（S 系列）

（S1）政府责任

| S1.3 | 守法合规体系 | ● |
|------|----------|------------------|
| S1.4 | 纳税总额 | ⊕ |
| S1.5 | 带动就业 | ● |
| S1.6 | 报告期内吸纳就业人数 | ⊕ |

（S2）员工责任

| S2.1 | 员工构成情况 | ●/⊕ |
|------|----------|------------------|
| S2.2 | 平等雇佣 | ● |
| S2.3 | 劳动合同签订率 | ⊕ |
| S2.4 | 社会保险覆盖率 | ⊕ |
| S2.5 | 禁止使用童工 | ● |
| S2.6 | 反强迫劳动和骚扰虐待 | ● |
| S2.7 | 保护员工隐私 | ● |
| S2.8 | 民主管理 | ● |
| S2.9 | 女性管理者比例 | ⊕ |
| S2.13 | 职业健康管理 | ● |
| S2.14 | 体检及健康档案覆盖率 | ⊕ |
| S2.15 | 职业安全健康培训 | ●/⊕ |
| S2.16 | 工作环境和条件保障 | ● |
| S2.17 | 职业病防治制度 | ● |
| S2.19 | 工伤预防制度和措施 | ● |

续表

| 类别 | 指标名称 | 定性指标（●）<br>定量指标（⊕） |
|------|----------|------------------|
| S2.21 | 员工培训体系 | ● |
| S2.22 | 年度培训绩效 | ⊕ |
| S2.23 | 职业发展通道 | ● |
| S2.25 | 困难员工帮扶 | ●/⊕ |

（S3）安全生产

| 类别 | 指标名称 | |
|------|----------|--|
| S3.1 | 安全生产标准化建设 | ● |
| S3.2 | 安全应急管理机制 | ● |
| S3.3 | 安全风险分级管控机制 | ● |
| S3.4 | 隐患排查治理机制 | ● |
| S3.5 | 安全生产隐患 | ● |
| S3.6 | 危险化学品仓储、运输和回收管理 | ● |
| S3.7 | 易燃易爆产品管理 | ● |
| S3.8 | 尾矿库管理 | ● |
| S3.9 | 采空区专项治理 | ● |
| S3.10 | 对承包商安全管理的政策、制度及措施 | ● |
| S3.11 | 安全文化建设 | ● |
| S3.12 | 安全教育与培训 | ● |
| S3.13 | 安全培训绩效 | ⊕ |
| S3.14 | 安全生产投入 | ⊕ |
| S3.15 | 安全生产事故数 | ⊕ |
| S3.16 | 员工伤亡人数 | ⊕ |

（S4）社区责任

| 类别 | 指标名称 | |
|------|----------|--|
| S4.1 | 社区沟通和参与机制 | ● |
| S4.2 | 完善社区基础设施 | ● |
| S4.3 | 带动地方经济发展 | ● |
| S4.5 | 移民与补偿 | ●/⊕ |
| S4.6 | 员工本地化政策 | ● |
| S4.10 | 公益方针或主要公益领域 | ● |
| S4.16 | 助力精准扶贫 | ● |
| S4.17 | 专、兼职扶贫人员数量 | ⊕ |

续表

| 类别 | 指标名称 | 定性指标（●）<br>定量指标（⊕） |
|---|---|---|
| S4.18 | 扶贫专项资金投入 | ⊕ |

第五部分：环境绩效（E 系列）

（E1）绿色经营

| E1.1 | 环境管理体系 | ● |
| E1.2 | 环境影响评价 | ● |
| E1.3 | 环保预警及应急机制 | ● |
| E1.4 | 环保技术研发与应用 | ● |
| E1.5 | 环保培训和宣教 | ● |
| E1.6 | 环保培训绩效 | ⊕ |
| E1.7 | 环保总投资 | ⊕ |
| E1.8 | 应对气候变化 | ● |
| E1.12 | 绿色办公措施 | ● |
| E1.14 | 环保公益活动 | ● |

（E2）绿色生产

| E2.1 | 采购和使用环保原材料 | ● |
| E2.2 | 淘汰落后设备、工艺、材料 | ● |
| E2.3 | 提高能源使用效率 | ● |
| E2.5 | 全年能源消耗总量及减少量 | ⊕ |
| E2.6 | 单位产值综合能耗 | ⊕ |
| E2.7 | 使用清洁能源的政策、措施 | ● |
| E2.9 | 节约水资源政策、措施 | ● |
| E2.10 | 年度新鲜水用水量 | ⊕ |
| E2.11 | 单位工业增加值新鲜水耗 | ⊕ |
| E2.12 | 选矿废水循环利用的制度、措施 | ●/⊕ |
| E2.13 | 选矿废水循环利用率 | ⊕ |
| E2.14 | 减少废气排放的政策、措施或技术 | ● |
| E2.15 | 废气排放量及减排量 | ⊕ |
| E2.16 | 减少废水排放的政策、措施或技术 | ● |
| E2.17 | 废水排放量及减排量 | ⊕ |
| E2.18 | 化学需氧量排放量及减排量 | ⊕ |

| 类别 | 指标名称 | 定性指标（●）<br>定量指标（⊕） |
|------|---------|---------|
| E2.19 | 减少固体废弃物排放的政策、措施或技术 | ● |
| E2.20 | 固体废弃物安全贮存 | ● |
| E2.21 | 固体废弃物排放量及减排量 | ⊕ |
| E2.22 | 噪声污染控制 | ● |
| E2.24 | 绿色运输 | ● |
| (E3) 绿色矿山 | | |
| E3.1 | 保护生物多样性 | ● |
| E3.2 | 在工程建设中保护自然栖息地、湿地、森林、野生动物廊道、农业用地等 | ● |
| E3.3 | 不在世界遗产地或法律保护区内勘探或开采 | ● |
| E3.4 | 矿区生态恢复与重建制度、措施 | ● |
| E3.6 | 节约使用土地资源的制度、措施 | ● |
| E3.7 | 避免或减少土壤污染的制度 | ● |
| E3.8 | 土地复垦制度 | ● |
| E3.9 | 露天矿排土场复垦率 | ⊕ |
| E3.10 | 矿区地质灾害防治 | ● |
| E3.11 | 矿山闭坑规划 | ● |
| 第六部分：报告后记（A 系列） | | |
| (A1) | 未来计划：公司对社会责任工作的规划 | ● |
| (A2) | 关键绩效表：企业年度社会责任关键数据的集中展示 | ●/⊕ |
| (A3) | 企业荣誉表：企业年度社会责任重要荣誉的集中展示 | ● |
| (A4) | 报告评价：社会责任专家或行业专家、利益相关方或专业机构对报告的评价 | ● |
| (A6) | 意见反馈：读者意见调查表及读者意见反馈渠道 | ● |

# （三）通用指标表（202 个）

表 4-3　通用指标

| 类别 | 指标名称 | 定性指标（●）<br>定量指标（⊕） | 核心指标（★）<br>扩展指标（☆） |
|---|---|---|---|
| 第一部分：报告前言（P 系列） | | | |
| （P1）报告规范 | | | |
| P1.1 | 质量保证 | ● | ☆ |
| P1.2 | 信息说明 | ● | ★ |
| P1.3 | 报告体系 | ● | ★ |
| （P2）高管致辞 | | | |
| P2.1 | 履行社会责任的形势分析与战略考量 | ● | ★ |
| P2.2 | 年度社会责任工作进展 | ● | ★ |
| （P3）责任聚焦 | | | |
| P3.1 | 社会责任重大事件 | ● | ★ |
| P3.2 | 社会责任重点议题进展及成效 | ● | ★ |
| （P4）企业简介 | | | |
| P4.1 | 组织架构及运营地域 | ● | ★ |
| P4.2 | 主要产品、服务和品牌 | ● | ★ |
| P4.3 | 企业规模与影响力 | ● | ★ |
| P4.4 | 报告期内关于组织规模、结构、所有权或供应链的重大变化 | ● | ☆ |
| 第二部分：责任管理（G 系列） | | | |
| （G1）愿景 | | | |
| G1.1 | 企业使命、愿景、价值观 | ● | ★ |
| G1.2 | 企业社会责任理念或口号 | ● | ★ |
| （G2）战略 | | | |
| G2.1 | 高层领导参与社会责任工作 | ● | ☆ |
| G2.2 | 重大性社会责任议题识别与管理 | ● | ★ |
| G2.3 | 社会责任战略规划与年度计划 | ● | ★ |
| （G3）组织 | | | |
| G3.1 | 社会责任领导机构及工作机制 | ● | ★ |
| G3.2 | 社会责任组织体系及职责分工 | ● | ★ |

续表

| 类别 | 指标名称 | 定性指标（●） | 核心指标（★） |
|------|----------|----------------|----------------|
|      |          | 定量指标（⊕） | 扩展指标（☆） |
| (G4) 制度 | | | |
| G4.1 | 制定社会责任管理制度 | ● | ★ |
| G4.2 | 构建社会责任指标体系 | ● | ☆ |
| G4.3 | 开展社会责任考核或评优 | ●/⊕ | ☆ |
| (G5) 能力 | | | |
| G5.1 | 组织开展社会责任培训 | ●/⊕ | ★ |
| G5.2 | 开展社会责任理论研究 | ● | ☆ |
| (G6) 参与 | | | |
| G6.1 | 识别和回应利益相关方诉求 | ● | ★ |
| G6.2 | 社会责任内外部沟通活动 | ● | ★ |
| G6.3 | 机构加入的社会责任组织 | ● | ☆ |
| 第三部分：市场绩效（M系列） | | | |
| (M1) 股东责任 | | | |
| M1.1 | 规范公司治理 | ● | ★ |
| M1.2 | 全面风险管理 | ● | ★ |
| M1.3 | 廉洁管理 | ● | ★ |
| M1.4 | 合规信息披露 | ●/⊕ | ☆ |
| M1.5 | 保护中小投资者利益 | ● | ☆ |
| M1.6 | 成长性 | ⊕ | ★ |
| M1.7 | 收益性 | ⊕ | ★ |
| M1.8 | 安全性 | ⊕ | ★ |
| (M2) 资源可持续开发 | | | |
| M2.1 | 矿产资源储备 | ●/⊕ | ★ |
| M2.2 | 生产技术工艺装备现代化 | ● | ★ |
| M2.3 | 矿山开采机械化 | ● | ★ |
| M2.4 | 生产管理信息化 | ● | ★ |
| M2.5 | 矿产资源综合开发 | ● | ★ |
| M2.6 | 持续优化采矿工艺 | ● | ★ |
| M2.7 | 提高采矿回采率的制度、措施 | ● | ★ |
| M2.8 | 采矿回采率 | ⊕ | ★ |

| 类别 | 指标名称 | 定性指标（●）<br>定量指标（⊕） | 核心指标（★）<br>扩展指标（☆） |
|---|---|---|---|
| M2.9 | 持续优化选矿工艺 | ● | ★ |
| M2.10 | 提高选矿回收率的制度、措施 | ● | ★ |
| M2.11 | 复杂与深部资源高效开采 | ● | ★ |
| M2.12 | 选矿回收率 | ⊕ | ★ |
| M2.13 | 提高共伴生矿产资源综合利用率的制度、措施 | ● | ★ |
| M2.14 | 共伴生矿产资源综合利用率 | ⊕ | ★ |
| M2.15 | 提高固体废弃物综合利用率的制度、措施 | ● | ★ |
| M2.16 | 固体废弃物综合利用率 | ⊕ | ★ |
| M2.17 | 残矿回收的制度、措施 | ● | ★ |
| M2.18 | 残矿回收量 | ⊕ | ★ |
| (M3) 客户责任 | | | |
| M3.1 | 产品质量管理体系 | ● | ★ |
| M3.2 | 合格率 | ⊕ | ☆ |
| M3.3 | 坚持创新驱动 | ● | ★ |
| M3.4 | 科研平台建设 | ● | ★ |
| M3.5 | 研发投入 | ⊕ | ★ |
| M3.6 | 科研人才培养 | ● | ★ |
| M3.7 | 科技工作人员数量及比例 | ⊕ | ★ |
| M3.8 | 新增专利数 | ⊕ | ★ |
| M3.9 | 重大创新奖项 | ● | ★ |
| M3.10 | 科技成果产业化 | ●/⊕ | ★ |
| M3.11 | 客户关系管理体系 | ● | ★ |
| M3.12 | 客户满意度 | ●/⊕ | ☆ |
| (M4) 产业链责任 | | | |
| M4.1 | 坚持诚信经营公平竞争 | ● | ★ |
| M4.2 | 经济合同履约率 | ⊕ | ★ |
| M4.3 | 战略共享机制和平台 | ● | ★ |
| M4.4 | 保护知识产权 | ● | ★ |
| M4.5 | 助力行业发展 | ● | ★ |
| M4.6 | 针对供应商的社会责任政策、倡议和要求 | ● | ★ |

| 类别 | 指标名称 | 定性指标（●） | 核心指标（★） |
|------|----------|--------------|--------------|
|      |          | 定量指标（⊕） | 扩展指标（☆） |
| M4.7 | 因为社会责任不合规被否决的潜在供应商数量 | ⊕ | ☆ |
| M4.8 | 供应商社会责任审查的流程与方法 | ● | ★ |
| M4.9 | 报告期内审查的供应商数量 | ⊕ | ☆ |
| M4.10 | 因为社会责任不合规被中止合作的供应商数量 | ⊕ | ☆ |
| M4.11 | 供应商社会责任培训 | ● | ☆ |
| M4.12 | 供应商社会责任培训绩效 | ⊕ | ☆ |
| M4.13 | 供应商通过 ISO14000 体系认证的比率 | ⊕ | ★ |
| M4.14 | 供应商通过 OHSAS18000 体系认证的比率 | ⊕ | ★ |
| M4.15 | 深化国际矿业合作 | ● | ★ |

### 第四部分：社会绩效（S 系列）

#### （S1）政府责任

| 类别 | 指标名称 | 定性指标（●）定量指标（⊕） | 核心指标（★）扩展指标（☆） |
|------|----------|--------------|--------------|
| S1.1 | 加强党的建设 | ● | ☆ |
| S1.2 | 支持和参与全面深化改革 | ● | ☆ |
| S1.3 | 守法合规体系 | ● | ★ |
| S1.4 | 纳税总额 | ⊕ | ★ |
| S1.5 | 带动就业 | ● | ★ |
| S1.6 | 报告期内吸纳就业人数 | ⊕ | ★ |

#### （S2）员工责任

| 类别 | 指标名称 | 定性指标（●）定量指标（⊕） | 核心指标（★）扩展指标（☆） |
|------|----------|--------------|--------------|
| S2.1 | 员工构成情况 | ●/⊕ | ★ |
| S2.2 | 平等雇佣 | ● | ★ |
| S2.3 | 劳动合同签订率 | ⊕ | ★ |
| S2.4 | 社会保险覆盖率 | ⊕ | ★ |
| S2.5 | 禁止使用童工 | ● | ★ |
| S2.6 | 反强迫劳动和骚扰虐待 | ● | ★ |
| S2.7 | 保护员工隐私 | ● | ★ |
| S2.8 | 民主管理 | ● | ★ |
| S2.9 | 女性管理者比例 | ⊕ | ★ |
| S2.10 | 参加工会的员工比例 | ⊕ | ☆ |
| S2.11 | 薪酬与福利体系 | ● | ☆ |
| S2.12 | 人均带薪年休假天数 | ⊕ | ☆ |

续表

| 类别 | 指标名称 | 定性指标（●）<br>定量指标（⊕） | 核心指标（★）<br>扩展指标（☆） |
|------|----------|------------------------------|------------------------------|
| S2.13 | 职业健康管理 | ● | ★ |
| S2.14 | 体检及健康档案覆盖率 | ⊕ | ★ |
| S2.15 | 职业安全健康培训 | ●/⊕ | ★ |
| S2.16 | 工作环境和条件保障 | ● | ★ |
| S2.17 | 职业病防治制度 | ● | ★ |
| S2.18 | 年度新增职业病数 | ⊕ | ☆ |
| S2.19 | 工伤预防制度和措施 | ● | ★ |
| S2.20 | 员工心理健康援助 | ● | ☆ |
| S2.21 | 员工培训体系 | ● | ★ |
| S2.22 | 年度培训绩效 | ⊕ | ★ |
| S2.23 | 职业发展通道 | ● | ★ |
| S2.24 | 生活工作平衡 | ● | ☆ |
| S2.25 | 困难员工帮扶 | ●/⊕ | ★ |
| S2.26 | 员工满意度 | ⊕ | ☆ |
| S2.27 | 员工流失率 | ⊕ | ☆ |
| （S3）安全生产 | | | |
| S3.1 | 安全生产标准化建设 | ● | ★ |
| S3.2 | 安全应急管理机制 | ● | ★ |
| S3.3 | 安全风险分级管控机制 | ● | ★ |
| S3.4 | 隐患排查治理机制 | ● | ★ |
| S3.5 | 安全生产隐患 | ● | ★ |
| S3.6 | 危险化学品仓储、运输和回收管理 | ● | ★ |
| S3.7 | 易燃易爆产品管理 | ● | ★ |
| S3.8 | 尾矿库管理 | ● | ★ |
| S3.9 | 采空区专项治理 | ● | ★ |
| S3.10 | 对承包商安全管理的政策、制度及措施 | ● | ★ |
| S3.11 | 安全文化建设 | ● | ★ |
| S3.12 | 安全教育与培训 | ● | ★ |
| S3.13 | 安全培训绩效 | ⊕ | ★ |
| S3.14 | 安全生产投入 | ⊕ | ★ |

| 类别 | 指标名称 | 定性指标（●）<br>定量指标（⊕） | 核心指标（★）<br>扩展指标（☆） |
|------|----------|------------------------------|------------------------------|
| S3.15 | 安全生产事故数 | ⊕ | ★ |
| S3.16 | 员工伤亡人数 | ⊕ | ★ |
| (S4) 社区责任 | | | |
| S4.1 | 社区沟通和参与机制 | ● | ★ |
| S4.2 | 完善社区基础设施 | ● | ★ |
| S4.3 | 带动地方经济发展 | ● | ★ |
| S4.4 | 尊重、保护社区的文化传统和遗产 | ● | ☆ |
| S4.5 | 移民与补偿 | ●/⊕ | ★ |
| S4.6 | 员工本地化政策 | ● | ★ |
| S4.7 | 本地化雇佣比例 | ⊕ | ☆ |
| S4.8 | 本地化采购政策 | ● | ☆ |
| S4.9 | 支持社区妇女、土著居民、农户、牧民和渔民的发展 | ● | ☆ |
| S4.10 | 公益方针或主要公益领域 | ● | ★ |
| S4.11 | 建立企业公益基金/基金会 | ● | ☆ |
| S4.12 | 捐赠总额 | ⊕ | ☆ |
| S4.13 | 打造品牌公益项目 | ● | ☆ |
| S4.14 | 支持志愿者活动的政策、措施 | ● | ☆ |
| S4.15 | 员工志愿者活动绩效 | ⊕ | ☆ |
| S4.16 | 助力精准扶贫 | ● | ★ |
| S4.17 | 专、兼职扶贫人员数量 | ⊕ | ★ |
| S4.18 | 扶贫专项资金投入 | ⊕ | ★ |
| S4.19 | 脱贫人口数量 | ⊕ | ☆ |
| 第五部分：环境绩效（E 系列) | | | |
| (E1) 绿色经营 | | | |
| E1.1 | 环境管理体系 | ● | ★ |
| E1.2 | 环境影响评价 | ● | ★ |
| E1.3 | 环保预警及应急机制 | ● | ★ |
| E1.4 | 环保技术研发与应用 | ● | ★ |
| E1.5 | 环保培训和宣教 | ● | ★ |
| E1.6 | 环保培训绩效 | ⊕ | ★ |

续表

| 类别 | 指标名称 | 定性指标（●） 核心指标（★） | |
| :---: | :---: | :---: | :---: |
| | | 定量指标（⊕） | 扩展指标（☆） |
| E1.7 | 环保总投资 | ⊕ | ★ |
| E1.8 | 应对气候变化 | ● | ★ |
| E1.9 | 碳强度 | ⊕ | ☆ |
| E1.10 | 非化石能源比重 | ⊕ | ☆ |
| E1.11 | 碳汇 | ●/⊕ | ☆ |
| E1.12 | 绿色办公措施 | ● | ★ |
| E1.13 | 绿色办公绩效 | ⊕ | ☆ |
| E1.14 | 环保公益活动 | ● | ★ |
| （E2）绿色生产 | | | |
| E2.1 | 采购和使用环保原材料 | ● | ★ |
| E2.2 | 淘汰落后设备、工艺、材料 | ● | ★ |
| E2.3 | 提高能源使用效率 | ● | ★ |
| E2.4 | 合同能源管理 | ● | ☆ |
| E2.5 | 全年能源消耗总量及减少量 | ⊕ | ★ |
| E2.6 | 单位产值综合能耗 | ⊕ | ★ |
| E2.7 | 使用清洁能源的政策、措施 | ● | ★ |
| E2.8 | 清洁能源使用量 | ⊕ | ☆ |
| E2.9 | 节约水资源政策、措施 | ● | ★ |
| E2.10 | 年度新鲜水用水量 | ⊕ | ★ |
| E2.11 | 单位工业增加值新鲜水耗 | ⊕ | ★ |
| E2.12 | 选矿废水循环利用的制度、措施 | ●/⊕ | ★ |
| E2.13 | 选矿废水循环利用率 | ⊕ | ★ |
| E2.14 | 减少废气排放的政策、措施或技术 | ● | ★ |
| E2.15 | 废气排放量及减排量 | ⊕ | ★ |
| E2.16 | 减少废水排放的政策、措施或技术 | ● | ★ |
| E2.17 | 废水排放量及减排量 | ⊕ | ★ |
| E2.18 | 化学需氧量排放量及减排量 | ⊕ | ★ |
| E2.19 | 减少固体废弃物排放的政策、措施或技术 | ● | ★ |
| E2.20 | 固体废弃物安全贮存 | ● | ★ |
| E2.21 | 固体废弃物排放量及减排量 | ⊕ | ★ |

| 类别 | 指标名称 | 定性指标（●） | 核心指标（★） |
|------|---------|------------|------------|
| | | 定量指标（⊕） | 扩展指标（☆） |
| E2.22 | 噪声污染控制 | ● | ★ |
| E2.23 | 绿色包装 | ● | ☆ |
| E2.24 | 绿色运输 | ● | ★ |
| （E3）绿色矿山 | | | |
| E3.1 | 保护生物多样性 | ● | ★ |
| E3.2 | 在工程建设中保护自然栖息地、湿地、森林、野生动物廊道、农业用地等 | ● | ★ |
| E3.3 | 不在世界遗产地或法律保护区内勘探或开采 | ● | ★ |
| E3.4 | 矿区生态恢复与重建制度、措施 | ● | ★ |
| E3.5 | 矿区保育制度 | ● | ☆ |
| E3.6 | 节约使用土地资源的制度、措施 | ● | ★ |
| E3.7 | 避免或减少土壤污染的制度 | ● | ★ |
| E3.8 | 土地复垦制度 | ● | ★ |
| E3.9 | 露天矿排土场复垦率 | ⊕ | ★ |
| E3.10 | 矿区地质灾害防治 | ● | ★ |
| E3.11 | 矿山闭坑规划 | ● | ★ |
| 第六部分：报告后记（A 系列） | | | |
| （A1） | 未来计划：公司对社会责任工作的规划 | ● | ★ |
| （A2） | 关键绩效表：企业年度社会责任关键数据的集中展示 | ●/⊕ | ★ |
| （A3） | 企业荣誉表：企业年度社会责任重要荣誉的集中展示 | ● | ★ |
| （A4） | 报告评价：社会责任专家或行业专家、利益相关方或专业机构对报告的评价 | ● | ★ |
| （A5） | 参考索引：对本指南要求披露指标的采用情况 | ● | ☆ |
| （A6） | 意见反馈：读者意见调查表及读者意见反馈渠道 | ● | ★ |

# 第五章　报告流程管理

作为社会责任管理体系中的重要专项工作，社会责任报告编制具有特殊和完整的流程。主要包括组织、策划、界定、启动、研究、撰写、发布、总结 8 项要素。重视和加强流程管控，不断优化和做实报告编制过程，能够有效提升社会责任报告的质量。

第一步，组织：搭建起来源广泛、各司其职、稳定高效的组织体系，支撑社会责任报告编制工作顺利完成。

第二步，策划：对报告要达成的目标进行系统思考和精准定位，对报告编制工作进行统筹谋划和顶层设计，确保目标明确、步骤稳健、资源匹配。

第三步，界定：通过科学的工具和方法，在内外部利益相关方广泛参与基础上，确定企业重大性社会责任议题。

第四步，启动：召开社会责任报告编制启动会，进行前沿社会责任理论与实践培训，并就报告编制的思路、要求等进行沟通安排。

第五步，研究：通过案头分析、调研访谈和对标分析，对社会责任报告指标体系、撰写技巧和企业社会责任基础素材进行研究，为撰写奠定基础。

第六步，撰写：全面和有针对性地向总部职能部门和下属单位搜集企业履行社会责任的基础素材，完成报告内容撰写。

第七步，发布：报告编制完成后，通过一种或多种发布形式，一次或多次向社会公开报告，实现与利益相关方沟通。

第八步，总结：在广泛征集内外部利益相关方的意见基础上，以报告编制组为核心，组织报告复盘，对报告编制工作进行总结，并就报告编制过程中利益相关方给予的关注、意见和建议进行梳理和反馈，实现报告编制工作闭环提升。企业社会责任报告流程管理模型如图 5-1 所示。

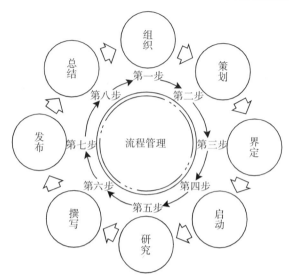

图 5-1 企业社会责任报告流程管理模型

# 一、组织

## （一）工作组组成原则

社会责任报告编制工作组是报告编制工作的责任主体，参与并主导报告编制的全过程。工作组的组成、运作水平将直接决定报告编制的效率与质量。工作组的组成应秉承以下原则：

1. 高层参与

企业管理层中，至少有一名成员深度参与报告编制工作组，并担任最高负责人。一是能更好地将社会责任报告与企业战略、文化和经营工作相结合，提升报告战略高度；二是能够更加有效地协调资源，克服报告编制过程中的困难和挑战，确保报告编制工作顺利推进。

2. 内外结合

外部专家拥有社会责任包括社会责任报告方面的专业知识，熟悉理论与实践发展的最新趋势，能够有效提升报告编制的规范性、技巧性和创新性；企业内部人员熟悉企业的发展战略、主营业务和管理经营，对报告的全方位把握更为精准，能够确保报告的准确性和契合度。内外结合组成联合工作组，能够发挥"1+1>2"的效果。根据企业社会责任的发展水平、现实需求和资源情况，外部专家参与的形式可分为三个层次，层度由深到浅包括外包、深度顾问和浅层参与。

3. 注重稳定

稳定的团队才能保证工作的连续性。企业高层领导应当确保报告编制工作牵头部门的稳定，进而才能有稳定的核心团队。在组成工作组时，报告编制牵头部门也要将"稳定"作为选择内外部组成人员的重要技术原则与沟通要素，尤其是针对内部各部门和下属单位的社会责任联络人。企业应把"编制一本报告、锻炼一支队伍、培育一种文化"作为工作目标，继而既能确保报告质量，又能夯实履责基础。

**案例：中国华电集团编委会**

中国华电在报告编写过程中建立了由办公厅主任担任总编、办公厅副主任担任副总编的工作小组，新闻中心负责主编、策划、主笔，其他部室作为编委成员辅助编写。

**案例：松下（中国）编委会**

松下（中国）在编制报告中建立稳定编委会，由董事长担任主编，副总裁和所长担任副主编。事业助成、法务、人事中心、客户服务、供应链、物流、知识产权、财务等部门任编委成员。

**编委会名单**

主　编：
松下中国 董事长：横尾定顕

副主编：
松下中国 副总裁：张凯
事业助成 所　长：王晖

编委：

事业助成：王爱强、金冬梅、张明艳、
　　　　　高巨、赵向东、张书臣

法　务：刘蕾、刘未来

人事中心：陈培红、蒲彤蕾、周波、赵静、
　　　　　陈索拉

客户服务：胡金喜、陈亚苹

供应链：张瑛、陆慰駧、李兴雅

物　流：高桥宏之、刘剑初

知识产权：小林义典、梅青

财　务：张艳、康宇琦、米明、陈国英

## （二）工作组职责分工

社会责任报告编制工作组成员分为核心团队和协作团队两个层次。其中，核心团队包括企业高管、牵头部门和社会责任专家；协作团队包括总部各部门 CSR 联络员、下属单位 CSR 联络员。由于角色和重要性不同，在报告编制的不同阶段，工作组组成人员的分工和职责各异，具体如图 5-2 所示。

## （三）工作组运作机制

要构建一支能力突出、尽职高效的工作团队，并有效发挥工作组的价值，必须不断完善运作机制，确保工作组成员在素材搜集、智力支持、沟通协调方面充分发挥主动性和创造性。具体来说，主要包括：

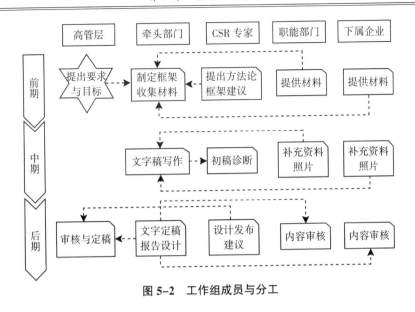

图5-2　工作组成员与分工

1. 专项会议

在报告编制的重要节点，如启动会、培训会、工作复盘等，召开专项会议（包括视频会），工作组全体成员参加，学习理论知识、研讨工作经验、协调具体事项，确保工作效果。

2. 日常沟通

工作组应广泛采用信息技术和互联网技术，构建形式多样的报告编制工作虚拟空间，实现材料共享、进度共知、事项协调、学习交流的工作要求，提升工作组成员之间的沟通可及性、频率和工作黏性。

3. 激励约束

对于态度积极、工作认真、贡献较大的工作组成员及其所在的部门、单位，报告编制过程中，使用的素材要尽量向其倾斜；报告编制结束后，组织专门评比，对其进行物质或精神奖励，提升工作组成员的积极性和认同感。

# 二、策划

## （一）明确功能定位

工作组成立后，报告编制工作拉开帷幕。对报告进行系统策划成为工作组面临的第一要务。但在策划报告前，企业必须先思考报告编制工作希望达成的目标，并分清主要目标和次要目标，进而对报告进行明确定位。在此基础上，才能有针对地策划报告的内容、风格、流程、工作重点和资源匹配等问题。具体来说，企业对社会责任报告的定位主要包括以下类型：

1. 合规导向（1.0）

以满足政府部门、资本市场、研究机构和社会公众等利益相关方对社会责任信息披露的基本要求为首要目标。此类报告的编制，重在信息披露的完整度与合规性，难在指标的收集和统计计算，而对报告所承载的其他功能要求较少。

2. 品牌导向（2.0）

以报告编制的过程宣传和报告编制完成后的沟通传播为首要目标。理想的路径是：对报告进行多层次、多维度、多视角的使用和传播，让利益相关方看得到、愿意看，看完之后记得住、说得出企业社会责任管理与实践的绩效，不断提升企业的品牌知名度和美誉度，并通过品牌价值的发挥促进企业可持续发展。

3. 管理导向（3.0）

以发挥报告编制对促进责任管理的"牵引"作用为首要目标。理想的路径是：以报告编制为切入点，普及社会责任理念、工具和方法，打造社会责任战略和文化，发现企业经营管理过程中存在的不足，并通过将社会责任融入企业发展战略和日常经营来弥补短板，为企业植入责任 DNA，进而实现可持续发展。

对报告的不同定位，决定了报告编制的不同思路与方法以及最终的成果展现。企业根据社会责任发展趋势和自身社会责任工作开展情况，综合判断，明确企业社会责任报告基本定位，再开展报告策划，会到达事半功倍的效果。

## （二）报告短期策划

好的顶层设计是提升报告编制水平的重要保障。短期策划主要针对当年度社会责任报告，包括主题、框架、创新点、时间等要素的策划，如表 5-1 所示。

表 5-1 报告短期策划要素详解

| | 意义 | 策划的要点 | 思路或案例 |
|---|---|---|---|
| 主题 | 主线串联<br>形散神聚 | 文化元素导入 | 借鉴或应用企业已有的愿景、使命、价值观构思报告主题，如华润集团的报告主题为"与您携手、改变生活" |
| | | 责任元素导入 | 借鉴或应用企业已有的社会责任理念或口号构思报告主题，如南方电网的报告主题为"万家灯火、南网情深" |
| | | 价值元素导入 | 紧贴经济、社会和行业发展需求，通过凸显企业价值主张构思报告主题，如中国电子的报告主题为"链接幸福世界" |
| 框架 | 提纲挈领<br>彰显特色 | 经典理论型 | 按照"三重底线""五大发展"、利益相关方等经典社会责任理论，完整借鉴或升级改造后，形成社会责任报告框架 |
| | | 特色议题型 | 梳理出由企业特定的行业、定位、属性、发展阶段等要素决定的重大性社会责任议题，直接形成社会责任报告框架 |
| | | 责任层次型 | 对企业所承担的社会责任进行重要性辨析，划分层级，形成框架，如中国电子的"唯一性责任—第一性责任—之一性责任"；按照社会责任影响的范围与可及性构思报告框架，常见的有"企业—行业—社会—环境"及在此基础上的改进类型 |
| | | 行动逻辑型 | 对企业履行社会责任的行动逻辑进行阶段切分，形成框架，常见的有"理念—战略—管理—实践—绩效"及在此基础上的改进类型 |
| | | 功能划分型 | 为满足沟通、合规等不同功能要求，用上下或上中下篇来构思报告框架。如民生银行：上篇责任故事，下篇责任实践 |
| | | 主题延展型 | 用解读和延展报告主题内容构思报告框架。如光大银行的报告主题为"力·道"，框架为"风险防控力，持续发展之道；经济推动力，金融普惠之道；阳光服务力，客户信任之道……" |
| | | 剑走偏锋型 | 按照充分发挥思维创意的原则，结合企业特有的战略、文化、行业属性、商业生态等要素，构思极具个性的框架，凸显辨识度。如阿里巴巴的"责任之本、本立道生、道生万物" |
| 创新点 | 匠心独具<br>提升质量 | 报告体例 | 各章节通过构思相同的内容板块、表达要素或行文风格，凸显报告的系统性和整体感，同时确保章节自身履责逻辑完整、连续、闭环，报告内容丰富、亮点突出。如中国电科的报告，各章都按照"新布局、新实践、新成效"来展开论述 |
| | | 报告内容 | 紧跟社会责任发展的宏观形势，立足国家改革发展的新政策、新要求、新方向，结合企业转型升级的重大战略、创新推出的拳头产品服务以及年度重大事件策划报告内容，确保战略性与引领性。同时，适时适当延伸，增强内容的知识性、趣味性 |

续表

| | 意义 | 策划的要点 | 思路或案例 |
|---|---|---|---|
| 创新点 | 匠心独具<br>提升质量 | 表达方式 | 应用多种表达方式，让报告更简洁、更感人、更悦读。常见的有：将文字变为"一张图读懂……"；将常规案例变为综合案例，把故事说深、说透、说动人；使用有冲击力、生动具象的图片等 |
| 时间 | 详细计划<br>统筹推进 | 时间分配 | 组织与策划、界定与启动、研究与撰写、发布与总结 4 个环节，时间一般按照 15%、15%、60%、10% 进行分配 |
| | | 推进方式 | 报告周期大于 6 个月，按月制定推进计划；报告周期 4~6 个月，按周制定推进计划；报告周期小于 3 个月，按日制定推进计划 |
| | | 效率提升 | 时间规划要预留出节假日、资料搜集、部门会签、领导审核等不可控因素，通过工作梳理实现相关流程和事项并行 |

## （三）报告长期策划

长期规划体现了企业对报告编制工作的战略思考，是在更长的周期里，明确报告编制的目标、路径和支撑体系。具体包括报告体系、设计风格、管理制度等，如表 5-2 所示。

**表 5-2　报告长期策划要素详解**

| | 意义 | 策划的要点 | 思路或案例 |
|---|---|---|---|
| 报告体系 | 系统披露<br>立体沟通 | 内容 | 从内容看，社会责任报告包括常规报告、专题报告、国别报告等。如中国华电先后编制城市供热报告、分布式能源报告、应对气候变化报告等，组成了内容丰富的社会责任报告体系 |
| | | 形态 | 从形态看，社会责任报告包括全版报告、简版报告、PDF 报告、H5 报告、网页报告、视频报告等。纸质版报告、PDF 报告是主要形态，H5 报告和视频报告渐成趋势 |
| | | 周期 | 从周期看，社会责任报告包括年度报告、季度报告、专项报告、日常报告等。企业应根据沟通频率需求，确定报告周期组合 |
| 设计风格 | 传承特色<br>打造品牌 | 横向延续 | 一定周期内（3~5 年），保持社会责任报告视觉风格和创意要素的一致性、渐进性，形成有辨识度的设计。如中交集团"十三五"时期报告在统一视觉风格和设计元素基础上延展 |
| | | 纵向一致 | 若下属单位编制社会责任报告，可根据需要统筹集团报告和下属单位报告设计风格，让全集团社会责任报告以统一形象展示 |
| 管理制度 | 建章立制<br>夯实基础 | 建立制度 | 报告编制前或编制实践过程中，完善编制体制机制，以正式制度形式，对报告编制进行内容释义、流程固化和执行分工。如中国海油 2017 年初发布《可持续发展报告编制管理细则》 |

# 三、界定

## （一）构建议题清单

议题清单的导入质量决定了企业是否能够以及在多大程度上识别出自身的重大性社会责任议题。因此，构建一个全面、科学、与时俱进的议题清单至关重要。议题清单的识别来源于企业对社会责任背景信息的分析，在构建议题清单的过程中，需要分析的信息类别和信息来源如表 5-3、表 5-4 所示。

**表 5-3　议题清单的组成要求**

| | 释义 | 控制点 |
|---|---|---|
| 全面 | 覆盖企业内外部利益相关方诉求和有影响力的社会责任政策、标准、倡议所要求的责任要素 | 广泛度 |
| 科学 | 以企业的行业、属性、发展阶段为基本立足点，纳入与企业自身社会责任活动相关的议题 | 精确度 |
| 与时俱进 | 紧跟国内外社会责任发展趋势以及经济社会发展的最新战略方向和现实需求 | 准确度 |

**表 5-4　议题识别的环境扫描**

| 信息类别 | 信息来源 |
|---|---|
| 宏观形势 | ● 重大国际共识，如推动和落实联合国 2030 可持续发展目标（SDGs），积极应对全球气候变化等<br>● 国家整体规划，如国民经济和社会发展第十三个五年规划<br>● 国家重大政策，如"四个全面"战略布局<br>● 相关部委推动的全局性重点工作，如扶贫办主导的精准扶贫、工信部主导的绿色制造、国资委主导的国企改革等<br>● 媒体关注和报道的国家改革发展过程中存在的突出矛盾和迫切需求，如资源环境约束、各类腐败问题等 |
| 政策标准 | ● 社会责任国际主流标准，如 ISO26000、GRI Standards 等<br>● 社会责任国内主流标准，如中国社科院《中国社会责任报告编写指南》、国家标准委《社会责任国家标准 GB/T36000》等<br>● 政府部门的社会责任政策要求，如国务院国资委《关于国有企业更好履行社会责任的指导意见》、中国保监会《关于保险业履行社会责任的指导意见》等<br>● 资本市场的社会责任政策要求，如香港联交所《环境、社会及管治报告指引》、沪深两市《关于进一步完善上市公司扶贫工作信息披露的通知》等<br>● 行业协会的社会责任倡议标准，如中国集团公司财务公司协会《社会责任公约》 |

续表

| 信息类别 | 信息来源 |
|---|---|
| 利益相关方关注点 | ● 各职能部门日常工作中与利益相关方的沟通交流，如人力资源部与员工的沟通，采购部与供应商的沟通，GR 部门与政府的沟通等<br>● 专门的利益相关方沟通交流活动，如中国石化每年举办多期企业公众开放日<br>● 专门的利益相关方沟通交流会议，如专题性或综合性的圆桌会议<br>● 利益相关方调查，如企业社会责任报告开设的意见反馈专栏<br>● 与社会责任研究推进机构沟通交流，如与研究机构、行业协会等沟通，更加宏观和系统了解利益相关方对企业的诉求 |
| 企业经营管理实践 | ● 企业使命、愿景、价值观<br>● 企业中长期发展战略<br>● 企业社会责任专项发展战略<br>● 企业经营管理制度<br>● 企业通讯、报纸、杂志 |

**案例：北京控股集团社会责任议题库构建**

北京控股集团在编制《北京控股集团有限公司 2016 社会责任报告》前对社会责任环境进行扫描，分别从宏观政策环境层面、微观通用标准层面和微观企业特色层面三个层面进行分析筛选，形成北京控股集团社会责任议题库。

| 宏观层 | 微观层（通用） | 微观层（特色） |
|---|---|---|
| 支持和践行 SDGs | 完善公司治理 | 服务首都发展 |
| 服务"一带一路"倡议 | 强化社会责任管理 | 提供清洁能源 |
| 推进精准扶贫 | 确保国有资产保值增值 | 发展环保产业 |
| 深化国企改革 | 依法纳税 | 发挥"窗口公司"职能 |
| 应对气候变化 | 吸纳就业 | 建设智慧城市 |
| 探索供给侧结构性改革 | 坚持诚信经营与公平竞争 | 引领行业发展 |
| …… | …… | …… |

**案例：中国石油天然气集团公司议题清单构建**

中国石油天然气集团公司按照实质性、完整性、平衡性的原则，结合利益相关方关注与公司的重大社会影响问题。

● 公司关注利益相关方的诉求。通过社区访谈、定期报告、实地调研、网络沟通等方式，倾听利益相关方意见，就他们关注的重大议题提出报告建议。

● 评估公司的可持续发展战略，选择与公司战略、风险、机遇相关的重大社会、经济和环境影响内容。

● 参考国际标准化组织社会责任国际指南 ISO26000 等各类非政府组织的社会责任倡议与标准，选择报告议题。

● 综合评估上述利益相关方关注与公司战略影响，筛选报告议题，确定每个议题的时间跨度、影响范围，确保披露信息的准确性。

## （二）界定实质性议题

构建了社会责任议题清单后，企业可以通过"对企业可持续发展的重要性"和"对利益相关方的重要性"两个维度，对议题进行排序，界定出实质性议题，如图 5-3 所示。

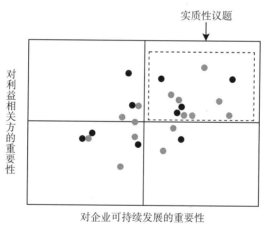

图 5-3　实质性议题筛选模型

如何判定议题对企业可持续发展的重要性以及对利益相关方的重要性，需要采取多种理论、工具和方法。要判断议题对利益相关方是否重要，需要股东、客户、合作伙伴、政府、员工、社区代表等利益相关方的参与。可以采取有针对性的利益相关方访谈，也可大范围发放议题调查问卷，还可综合采取以上两种方式。要判断议题对企业可持续发展是否重要，则可参考表 5-5 的原则标准。

表5-5 议题对企业可持续发展的重要性判别标准

| 类别划分 | 判别标准 | 重要性 |
|---|---|---|
| 服从区 | 底线要求，企业必须要做的事，否则会影响企业生存 | 五星 |
| 选择区 | 对企业品牌有价值，但对企业核心业务的促进作用不明显 | 一至四星 |
| 结构区 | 对社会有价值，但对企业价值不明显 | 一至四星 |
| 战略区 | 极富社会公共价值，又能发挥企业专业优势，强化自我，形成壁垒 | 五星 |

在初步筛选出一定规模的实质性议题后，应征询内外部专家意见，并依照专家意见进行微调后，报送企业可持续发展领导机构审核批准。

在实质性议题得到企业可持续发展领导机构审批后，企业应对重大性议题进行应用和管理。在企业社会责任报告中集中重点披露重大性议题的界定过程和企业在重大性社会责任议题方面的管理、实践和绩效，并对议题进行定期更新升级。

**案例：南方电网实质性议题评估**

中国南方电网责任有限公司采用 GRI G4 指南中推荐的实质性检验流程，多方收集内外部信息，根据利益相关方评估以及业务对经济、社会、环境的影响确定议题的优先级，最终确立与可持续发展管理息息相关的议题。

**形成议题库**

议题识别：基于全球社会责任报告编制标准等因素，从公司议题库中选出 75 个备选议题。

**议题评估分析**

问卷调查：创新采用微信调研方式开展为期 15 天的移动互联网问卷调研，并回收有效问卷 3602 份，其中内部 1916 份，外部 1686 份。

**筛选实质性议题**

筛选评估：客观审视议题的影响力，考量利益相关方调查意见，从备选议题中筛选出重要议题。

**审核确认**

经公司管理层与专家审核，确认实质性议题，制定与实施行动计划并重点披露。

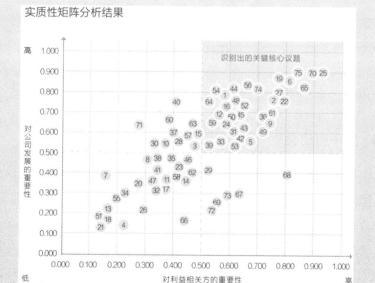

实质性矩阵分析结果

关键核心议题一览

| | | |
|---|---|---|
| 1 提升电能质量 | 42 推进反腐倡廉 | 70 畅通员工职业发展通道 |
| 2 减少客户停电时间 | 43 遏制电力违法 | 72 举办文体活动 |
| 5 计量公正、计费合规 | 44 公平、公开采购和招标 | 74 帮扶、照顾特殊群体 |
| 6 优化服务水平 | 45 开展责任采购和招标 | 75 关注员工心理健康 |
| 9 系统稳定运行 | 48 践行"一带一路"倡议，助力老挝、越南等地区的发展 | |
| 12 保障员工职业健康与安全 | 49 开展国内外交流与合作 | |
| 16 支持电网建设方面的创新探索 | 50 服务五省区经济发展 | |
| 19 开展节能发电调度 | 52 落实国家精准扶贫政策 | |
| 22 支持新能源发展 | 53 支援灾区重建 | |
| 25 建设绿色变电站 | 56 推进农网改造升级 | |
| 27 降低线损 | 59 提升农民用电质量和生活水平 | |
| 31 搭建节能平台 | 61 提升民族地区供电服务质量 | |
| 33 支持电动汽车发展 | 64 透明招聘 | |
| 36 积极开展电力体制改革配套建设、助力供给侧改革 | 65 薪酬福利体系 | |
| 39 信息化建设 | | |

# 四、启动

## （一）召开启动会

启动会是社会责任报告编制的重要环节和仪式，需要企业高层领导出席，报告编制工作组全体成员参加。启动会主要完成两项工作，即能力培训和工作部署。

1. 能力培训

在启动会上对全体人员进行培训。对于初次编写报告的企业，或是社会责任工作联络人以新接手员工为主的企业，重点培训什么是社会责任和社会责任报告，为什么要履行社会责任和发布社会责任报告，如何履行社会责任和编制社会责任报告等。对于连续多年编写报告的企业，或是社会责任工作联络人以有经验员工为主的企业，重点培训社会责任发展的宏观形势，企业社会责任理论与实践最新进展，热点社会环境议题发展现状等。普及并不断深化其对社会责任的认识。

2. 工作部署

在启动会上，企业要做详细工作部署。主要包括：

第一，高层领导就企业履行社会责任和社会责任报告编制相关工作的重要性阐明立场，并明确工作的质量目标，统一思想。

第二，牵头部门就社会责任报告编制思路和框架进行解读。

第三，牵头部门就社会责任报告编制所需的各类素材要求进行说明和分工。

第四，牵头部门就社会责任报告编制的时间进度进行说明，并明确关键时间节点。

**案例：中国交通建设集团 2016 年报告启动会**

2017 年 1 月 24 日，中国交通建设集团在总部召开 2016 年度社会责任报告启动会。会议由时任党委工作部副总经理查长苗主持，董事会办公室、办公厅、人力资源部、财务资金部、战略发展部、运营管理部、科学技术部、监察部、安全质量环保监督部、审计部、法律部、信息化管理部、金融管理部、物资采购管理中心、港航疏浚事业部、路桥轨道交通事业部、装备制造海洋重工事业部、投资事业部、海外事业部等职能部门部长及负责人和中交房地产、中国港湾、中国路桥等下属企业负责人参与出席。启动会首先由党委工作部企业表明社会责任报告编制相关工作的重要立场，并明确工作的质量目标，统一思想。随后牵头部门下发社会责任报告制定思路和框架，并现场对与会人员进行解读和答疑，明确关键时间点。随后，中国交通建设集团还邀请中国社科院经济学部企业社会责任研究中心专家对职能部门下属企业负责人进行了社会责任培训，以提升集团社会责任认知。

## （二）签发启动通知

随着社会责任报告编制工作的推进，一些领先的企业已经形成了稳定的团队、成熟的制度流程和高效的信息报送方法，通过现场会部署工作的必要性不再突出。与此同时，企业通过例行的内外部社会责任培训，建立了能力建设的有效机制。通过现场会进行能力培训的必要性也不再突出。因此，一些企业开始通过"签发启动通知"的方式来启动年度社会责任报告编制工作。通知要素包括总体要求、组织及前期准备工作、编写内容要求、发布与传播要求、设计和咨询辅导等。

**案例：华润集团关于编写《华润（集团）有限公司 2015 年社会责任报告》的通知**

华润集团在撰写《华润（集团）有限公司 2015 年社会责任报告》前向集团各部室、战略业务单元、一级利润中心下发函文，对报告总体要求、前期准备、内容、传播、设计方面进行通知，启动当年度社会责任报告编制工作。

**关于组织编写 2015 年版**
**社会责任报告有关事项的函**

集团各部室、战略业务单元、一级利润中心：

编制社会责任报告，是普及社会责任知识，提高认识，推进社会责任管理和践行的重要抓手。为进一步通过报告编制工作，全面提升社会责任能力，集团决定在总结上年编制经验的基础上，继续开展 2015 年华润社会责任报告的编制工作。现将有关要求说明如下（工作排期见附件一）。

一、**总体要求**

2015 年华润集团社会责任报告由集团、战略业务单元、一级利润中心共同编制，分主报告、独立报告和简版报告三种形式。

主报告由集团负责编制，独立报告、简版报告由集团直属企业负责编制，编制单位自行发布出版。

独立报告编制单位包括，集团在香港上市公司、华润医药所属上市公司，以及华润万家、华润啤酒、华润怡宝三家行业领先企业。需根据社会责任报告规范体例和要求进行编制，发布时间与上市公司年报发布时间同步。

# 五、研究

## （一）研究内容

社会责任报告是规范、专业、展现企业价值的沟通工具，在报告撰写前，企业必须围绕"规范性""专业性"和"价值性"进行基础研究，占有大量报告撰写所必需的素材和方法，能够提升报告编写的质量和效率。研究的内容包括：

1. 指标体系

社会责任报告必须符合相关标准的规范性要求。企业可从权威性、针对性和操作性三个维度综合选择确定自身参考的报告编写标准。然后对报告参考标准中的具体指标进行研究，并围绕指标准备素材。具备条件的企业，可以研发企业自身的社会责任报告指标体系，将指标固化、内化。指标研发遵循以下原则：

● 综合参用国内外权威标准的指标内容。

● 与企业已有的经营管理指标尽量结合。

● 围绕主要业务板块策划企业特色指标。

● 区分定性指标和定量指标，短期指标和长期指标。

● 数量适中，每个指标都能有对应部门落地实施。

2. 工作亮点

工作亮点即企业在报告期内社会责任管理和实践领域的创新做法、突出成绩及典型案例，是企业经济、社会和环境价值的集中承载，是报告中需要着重突出的内容，梳理、总结和挖掘年度工作亮点意义重大。它涵盖责任管理、本质责任、市场责任、社会责任和环境责任等方方面面。梳理工作亮点秉承以下原则：

● 全人类共同关注和致力于解决的。

● 符合国家战略且取得成绩的。

● 有重大创新，引领行业甚至世界的。

● 有重大突破，显著弥补过往短板的。

● 形成了特色、体系和模式的。

● 具有高度社会、环境价值的。

3. 报告技巧

研究和采用丰富的报告编制技巧，能够显著提升社会责任报告出彩的概率。企业在编制报告过程中需要重点把握的编制技巧包括：

● 如何体现报告的前瞻性与引领性。

● 如何（建模）体现报告的理论性与系统性。

● 如何确定报告主题，并使主题成为主线。

● 如何搭建报告体例，并使体例成为暗线。

● 如何处理"简明扼要"与"生动表达"之间的关系。

● 如何处理"共性"与"个性"的关系。

● 如何处理"传承"与"创新"的关系。

● 如果处理"国际化"与"本土化"的关系。

● 如何提升报告的交互性。

● 如何与众不同。

## （二）研究方法

为全面深入了解指标、亮点工作和报告技巧，企业可综合采用文献分析、调研访谈和对标研究方法。其中文献分析主要对应指标和亮点工作研究；调研访谈主要对应亮点工作研究；对标研究主要对应报告技巧研究。

1. 文献分析

研究报告指标时，参考文献主要包括社会责任国际主流标准、社会责任国内主流标准、政府部门和资本市场的社会责任政策要求、行业协会的社会责任倡议标准、其他研究机构的标准、企业自身经营管理指标等。

研究工作亮点时，参考文献主要包括：

● 董事长、总经理年度重大会议讲话（如半年工作会、年度工作会）。

● 职能部室年度工作总结。

● 下属单位年度工作总结。

● 专题简报（如安全生产、节能减排、精准扶贫等）。

● 报纸、杂志。

● 企业志及其他内部出版物。

● 重要影像资料（如企业宣传片）。

● 其他。

2. 调研访谈

从报告编制的角度看，调研访谈的主要目的是挖掘企业年度社会责任工作亮点。除此之外，也可利用调研访谈的机会，向被调研、被访谈单位和对象进行社会责任理念宣贯和社会责任工作意见征求等。调研访谈的对象包括企业高层领导、职能部室和下属单位及利益相关方。调研访谈纲要如表 5-6 所示。

表 5-6 企业社会责任报告编制调研访谈纲要

| 对象 | 纲要 |
| --- | --- |
| 高层领导 | ● 社会责任面临的机遇和挑战<br>● 社会责任理念、愿景<br>● 社会责任战略和目标<br>● 社会责任重点工作<br>● 社会责任报告的定位和要求 |

续表

| 对象 | 纲要 |
|---|---|
| 职能部室和下属单位 | ● 年度主要工作进展<br>● 相关责任议题实践情况<br>● 社会责任典型案例<br>● 对社会责任工作的意见建议<br>● 对社会责任报告的意见建议 |
| 利益相关方 | ● 相关方基本情况介绍<br>● 与之相关的企业社会责任实践具体情况<br>● 对企业社会责任工作的评价<br>● 对企业社会责任工作的期待<br>● 对企业社会责任报告的意见和建议 |

3. 对标研究

对标是社会科学中经常采用的研究方法。对标研究的关键在于，确定与谁对标及对标什么？即选取对标对象和对标维度。社会责任报告对标的维度主要参考报告技巧的研究内容，如报告主题选取、框架搭建、体例设计、表达方式等。除此之外，企业在对标报告写作技巧的过程中，也可就相关企业的社会责任管理情况进行对标，为提升企业社会责任管理水平奠定基础。选取对标对象原则如下：

● 社会责任工作领先企业，如中国社会责任发展指数领先企业、入选 DJSI 企业等。

● 社会责任报告获奖企业，如社科院五星级报告、CRRA 获奖报告企业等。

● 行业中影响力大的企业，如行业中规模前 5 企业。

● 国内与国外企业兼顾，适度侧重国外企业。

● 行业内与行业外企业兼顾，适度侧重行业内企业。

● 对标对象在精不在多，深度对标的企业数量控制在 10 家左右为宜。

# 六、撰写

## （一）确定撰写方式

根据社会责任发展的不同阶段和实际情况，企业可以采取两种报告撰写方式，即核心团队撰写（牵头部门＋外部专家）和部门分工撰写，具体如表 5-7 所示。

表 5-7　报告撰写方式

| 类别 | 释义 | 适合企业 | 关键要素 | 优点 |
|---|---|---|---|---|
| 核心团队撰写 | 以社会责任牵头部门和外部专家组成的核心团队为主，撰写社会责任报告。职能部室和下属单位负责提供素材和审核内容 | 起步期企业 | 深度挖掘素材精准语言表述 | 降低风险提高效率 |
| 部门分工撰写 | 以职能部室为主，按职能条线分工撰写社会责任报告。核心团队规定编制要求、制定版位表、开展培训和汇总统稿。下属单位向集团各职能部室分别提供相关素材支撑并审核内容 | 成熟期企业 | 稳定的人员精确的版位表高质量的培训强有力的管控 | 完善机制形成合力培育文化 |

## （二）明确撰写流程

社会责任报告从初稿撰写到文字定稿，是多次修改完善、数易其稿的结果。从过程上看，包括素材收集—报告分工—初稿撰写—初稿研讨—素材补充—修改完善—报告统稿—部门会审—修改完善—领导审核—修改完善—文字定稿。

## （三）收集撰写素材

充足、有针对性的素材是报告质量的保证。企业在收集报告编写素材时可采用但不限于下发资料收集清单和开展研究（详见第五部分）。资料清单的要点是：

● 针对不同部门和单位制作针对性清单。

● 内容包括定量数据、定性描述（制度、举措）、优秀案例、利益相关方评价、照片和影像等。

● 填报要求要清楚、翔实，如数据要规定年限，定性描述要规定描述的维度和字数。

● 优秀案例要规定案例的撰写要素和字数，图片要规定大小等。

● 有明确的填报时间要求。

● 明确答疑人员及其联系方式。

**资料清单模板：××公司社会责任报告数据、资料需求清单**

填报单位：

人力资源部填报人：

审核人：

一、填报说明

二、数据指标

| 编号 | 指标 | 2014 年 | 2015 年 | 2016 年 | 备注 |
|------|------|---------|---------|---------|------|
| 1 | 员工总数（人） | | | | |
| 2 | 劳动合同签订率（%） | | | | |
| …… | …… | | | | |

三、文字材料

1. 公平雇佣的理念、制度及措施

2. 员工培训管理体系

……

四、图片及视频资料

1. 员工培训的图片

2. 文体活动图片

……

五、贵部门认为能够体现我公司社会责任工作的其他材料、数据及图片

……

六、案例样章

……

# 七、发布

## （一）选择发布时间

为确保社会责任报告的时效性，原则上一般在每年的 6 月 30 日前发布上一年度社会责任报告，但没有强制要求。另外，资本市场对上市公司社会责任报告发布时间有一定要求，如上海证券交易所要求上市公司与年报同步发布社会责任报告，香港联合交易所要求上市公司在年报发布 3 个月内发布社会责任报告。除此之外，企业可根据自身需要，灵活选择社会责任报告发布时间。发布时间结合公司重大纪念日或全球、国家的主题节日能够产生较为广泛的社会影响。

## （二）确定发布方式

当前，社会责任报告最主要的发布方式有两种，第一是网络发布；第二是召开发布会。同时，企业还可根据需要进行重点发布，如表 5-8 所示。

**表 5-8　社会责任报告发布方式**

| 类别 | 释义 | 优点 | 缺点 |
|------|------|------|------|
| 网络发布 | 将定稿的电子版报告上传企业官网或以官微推送，供利益相关方下载阅读。这是报告最常见的发布形式 | 成本低<br>难度小 | 影响小 |
| 召开发布会 | 可分为专项发布会和嵌入式发布会。专项发布会即专门为发布报告筹备会议，邀请嘉宾和媒体参与；嵌入式发布会即将报告发布作为其他活动的一个环节，如企业半年工作会、企业开放日等 | 影响大 | 成本较高<br>工作量较大 |
| 重点发布 | 对于重要的利益相关方（高度关注企业或企业高度关注），将社会责任报告印刷版直接递送或将社会责任报告电子版或网站链接通过邮件推送 | 影响精准 | 需跟其他方式组合发布 |

## （三）策划发布会

企业必须对发布会进行精心策划，才能达到理想的效果。通常包括嘉宾策划、材料策划、宣传策划、设计策划、会务策划等，如表 5-9 所示。

表 5-9　发布会考虑要素

| 类别 | 释义 |
| --- | --- |
| 嘉宾 | 企业内外 VIP 嘉宾邀请、参会嘉宾邀请等 |
| 材料 | 议程、邀请函、领导讲话稿、主持词、流程 PPT、现场展示材料等 |
| 宣传 | 媒体邀请、预热稿、新闻通稿、后期系列宣传稿等 |
| 设计 | 主视觉、现场展板、KT 板、易拉宝等 |
| 会务 | 场地、礼仪、物料、餐饮、小礼品等 |

**案例：《国家开发投资公司 2016 企业社会责任报告》发布会**

2017 年 6 月 22 日，国家开发投资公司在北京正式发布 2016 企业社会责任报告，并推出国投首部社会责任专题片，举办首个央企社会责任专题展。发布会上，王会生董事长发表讲话，国务院国资委综合局副局长曹学云到会并讲话，中国社会科学院工业经济研究所所长、中国企业社会责任报告评级专家委员会副主席黄群慧代表第三方发言。冯士栋总裁代表公司正式发布《报告》，阳晓辉副总裁主持报告发布会。

中国石化、中国电子、中国华能、中国电建等企业代表出席会议。新华社、《光明日报》、《经济日报》、中央人民广播电台、国资报告、《企业观察报》、人民网、新华网等 21 家媒体记者应邀出席发布会。国投公司领导，总师、总助，各部门（中心）、子公司及在京成员企业主要负责人参加发布会。

# 八、总结

## （一）准备复盘材料

对报告编制的全过程进行回顾，对报告预设目标的达成情况进行评估，对内容和形式上的创新与不足进行总结。这既是报告编制流程管理的必要环节，也是循环提升报告编制质量的有效方式。复盘材料应包括但不限于以下内容：

● 报告编制全流程工作回顾。

● 报告的主要创新点。

● 报告取得的成绩。

● 报告编制存在的不足（包括流程控制、沟通协调、内容形式、沟通传播等）。

● 下一年报告编制工作的初步设想。

● 下一年社会责任整体工作的初步设想。

## （二）召开复盘会议

复盘材料准备完毕后，择机召开报告复盘会。在组织复盘会时应注意考虑以下因素：

● 复盘会时间：原则上报告发布 1 个月内。

● 复盘会参与人员：核心团队（牵头部门＋外部专家）必须参加；高层领导原则参加。

● 工作组其他人员（职能部室、下属单位、利益相关方）建议参加。

● 复盘会形式：工作负责人主题发言＋参会人员充分讨论。

● 复盘会结果：形成会议总结和工作决议。

## （三）反馈复盘结果

在报告编制复盘会后，企业应向外部利益相关方和内部相关职能部室和下属单位进行反馈。反馈的主要形式包括但不限于会议、邮件、通信等。反馈的内容主要是本次报告对内外部利益相关方期望的回应、报告编制工作的得失和未来社会责任报告编制及社会责任整体工作的行动计划。

# 第六章 报告价值管理

近年来，关于社会责任报告的价值，学术界与企业界进行了诸多探讨和梳理。较易被人们所接受的观点是：社会责任报告可以起到"内质外形"，即"内强管理""外塑形象"的作用。中国社科院企业社会责任研究中心也曾归纳企业社会责任报告的六大工具性价值，即：传播企业品牌形象的工具、塑造与传播企业文化的工具、实施目标管理的工具、管理企业风险的工具、传递外部知识的工具、与利益相关方沟通的工具。由此可见，对于社会责任报告的价值问题，社会关注由来已久，且已形成基本共识。

遗憾的是，社会责任报告的价值在长期以来只是一个逻辑自洽的理论推导。虽然在概念上为人们所接受，但报告究竟是如何发挥价值的，该如何更好地发挥报告的价值却一直鲜有深入研究。因此，企业在实践的过程中，没有系统指引，只能艰难探索，而取得的成效也千差万别：发挥了报告价值的企业，以报告为牵引，实现了管理和品牌的双提升，社会责任工作的系统性、创新性不断增强，已进入了"内生驱动""协调发展"的新阶段；没有发挥社会责任报告价值的企业，报告失去了生命力，或勉强维持、或干脆终止，社会责任工作也陷入了没有抓手，也没有成效和亮点的境地。

社会责任报告的价值就是其"有用性"，它是企业编制社会责任报告的出发点和落脚点，是社会责任报告的"生命力"所在。支持编制社会责任报告的企业，驱动力各不相同；不支持编制社会责任报告的企业，原因只有一个——认为报告没有价值或是价值不明显。"报告天然有价值，但并不自然发挥价值"。梳理报告的价值，并通过开展系统的价值管理，进而最大程度地发挥报告的价值，是《指南4.0》的重要内容和突破。

图 6-1　企业社会责任报告价值管理模型

# 一、价值生态

## （一）价值类型

综合当前社会各界对社会责任报告的价值研究及社会责任发展的最新趋势和特点，社会责任报告的价值归纳起来可以分成四类，即"防风险"价值、"强管理"价值、"促经营"价值和"塑品牌"价值。

● "防风险"指通过编制和发布社会责任报告，满足政府、行业协会、资本市场、研究机构、社会组织、新闻媒体等利益相关方对于企业信息披露的强制、半强制或倡导性要求，避免"合规风险"和"声誉风险"。

● "强管理"指通过编制和发布社会责任报告，在全流程工作推进过程中提升责任管理水平（"以编促管"）；同时，在宣贯理念、发现短板、解决问题过程中强化基础管理水平，进而促进企业持续、健康发展。

● "促经营"指通过编制和发布社会责任报告，一方面，为资本市场的研究、评级机构提供充分信息，获得资本市场好评，提升投融资能力和效率；另一方面，通过对重点项目、重点产品社会环境影响的梳理，提升其影响力。

● "塑品牌"指通过编制和发布社会责任报告，传递企业社会责任理念、愿景、价值观以及履责行为和绩效，展现企业负责任形象，提升品牌美誉度。

## （二）价值机制

社会责任报告回应了谁、影响了谁、改变了谁，是讨论社会责任报告价值的基础。社会责任报告的价值可以通过重点回应、过程参与和影响传播三个方式来实现。

● 重点回应：社会责任报告有两个鲜明属性。第一，其是企业社会责任管理的重要抓手，它被理解为企业关注和开展社会责任工作的象征性"动作"；第二，其是企业披露社会环境信息，与利益相关方沟通的重要工具和载体。随着社会责任运动的持续推动，政府部门、资本市场、行业协会等强势利益相关方推动企业履行社会责任、披露社会环境信息，发布社会责任报告，可以有效回应这些要求。

● 过程参与：参与是社会责任的题中之义。如社会责任报告流程管理章节所述，在编制社会责任报告的过程中，有8个重要环节。让各种类型的利益相关方在适当的环节参与社会责任报告编制过程，能够实现以报告"为表"，以社会责任管理与实践"为里"的沟通交流，让利益相关方更加了解企业、理解企业和支持企业。

● 影响传播：从技术上讲，企业需要重点回应的利益相关方和能够参与到社会责任报告编制流程的利益相关方只占少数。面对广大的社会公众群体，只有畅通报告的到达渠道，提升报告的可及性、趣味性和交互性，才能让更多的利益相关方知晓企业的经营管理情况和社会责任履行情况，最大程度地"润物细无声"。

## （三）价值媒介

社会责任报告是内容和过程的载体。社会责任报告要发挥其价值，必须以利益相关方为媒介。在社会责任领域，利益相关方指受企业经营影响或可以影响企业经营的组织或个人。企业的利益相关方通常包括投资者、顾客、合作伙伴、政府、员工、社区、NGO、媒体等。广义上讲，这些也是社会责任报告的主要利益相关方。

由于利益相关方较多，企业无论通过哪种方式发挥社会责任报告价值，都应该首先按照主动沟通意向和被动沟通频率进行关键利益相关方识别：

对企业具有"高意向高频率""中意向高频率""高意向中频率"和"中意向中频率"的利益相关方，企业在重点回应、过程参与和影响传播时给予重点关注。

对企业具有"高意向低频率"和"低意向高频率"的利益相关方，企业在重点回应、过程参与和影响传播时给予争取关注。

对其他利益相关方，企业重点做好后端的影响传播工作，如图 6-2 所示。

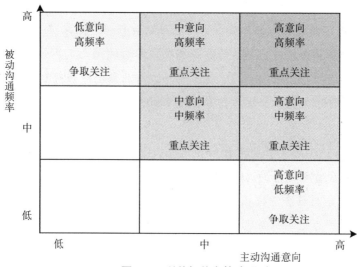

**图 6-2 利益相关方筛选原则**

从社会责任报告的实际出发，报告的利益相关方还可划分为内部利益相关方和外部利益相关方。根据其与社会责任报告联系的紧密程度（重要性），内部利益相关方依次包括主要领导、职能部门及下属企业社会责任联络人、普通员工；外部利益相关方依次包括社会责任监管部门、社会责任专业机构及专家学者和社会公众。

# 二、重点回应

重点回应，是指针对社会责任工作的政策制定者、理论研究者、舆论引导者等强势利益相关方，将编制社会责任报告的意愿、过程或结果与之进行专门交流，回应其要求。

## （一）回应政府部门

政府部门的大力推动是中国企业社会责任快速发展的重要原因，也是现阶段中国企业社会责任发展的重要特征。当前，国务院国资委、工业和信息化部、环境保护部、国家工商总局、国务院扶贫办、中国银监会、中国保监会等政府部门都出台了有关企业社会责任的政策规定和相关指引，在广义社会责任或其专门领域对企业提出明确要求。

报告对政府部门的重点回应可从以下方面开展：

● 以积极的态度推进社会责任报告编制和发布工作，彰显责任担当。

● 参照相关部门出台的社会责任政策、指引和规定。

● 就相关部门主管的、全社会广泛关注的、企业积极践行的重要社会责任议题（如精准扶贫、生态文明、"一带一路"等）进行重点阐述或发布专项报告。

## （二）回应资本市场

2006 年，深圳证券交易所发布《深圳证券交易所上市公司社会责任指引》。2008 年，上海证券交易所发布《关于加强上市公司社会责任承担工作暨发布〈上海证券交易所上市公司环境信息披露指引〉的通知》对 A 股上市公司履行社会责任和披露社会环境信息提出要求。2015 年，香港证券交易所发布《环境、社会及管治报告指引》，将社会责任信息披露要求提升为"不披露就解释"。2016 年 12 月，上交所发布《关于进一步完善上市公司扶贫工作信息披露的通知》，进一步发挥上市公司在服务国家脱贫攻坚战略中的作用，完善上市公司扶贫相关信息披露。经过十年酝酿发展，近年来，社会责任投资（SRI）在我国取得重大突破。中国证监会、中国上市公司协会、中国证券投资基金业协会等机构研究论证了 ESG 投资与企业长期收益之间的正相关关系，并开始针对性研究制定机构投资者 ESG 投资指引和上市公司社会责任信息披露要求。2017 年 6 月，A 股闯关 MSCI 指数成功，我国上市公司社会责任信息披露的重要性进一步提升。而在海外上市的中国企业，已经并将继续面临更加严格的社会责任及信息披露要求。

报告对资本市场的重点回应可从以下方面开展：

● 按照资本市场主管部门要求，主动发布社会责任报告。
● 根据证券交易所的要求，按时编制发布社会责任报告。
● 按照资本市场相关标准和指引，规范披露社会、环境信息。
● 接受资本市场相关主体对社会责任报告披露信息的质询。

## （三）回应行业协会

行业协会对企业社会责任的推动是当前我国企业社会责任发展的另一个重要的动力和特征。中国工业经济联合会、中国银行业协会、中国汽车工业协会、中国纺织工业联合会、中国煤炭工业协会、中国建材联合会、中国通信企业协会、中国旅游饭店业协会、中国林产工业协会、中国期货业协会等诸多行业协会在推动相关企业履行社会责任的过程中扮演了重要的角色，并取得重要成绩。

报告对行业协会的重点回应可从以下方面开展：
● 支持和参与行业协会社会责任报告编制。
● 按照行业协会社会责任标准和指引编制社会责任报告。
● 参与行业协会社会责任报告相关的评级评价。
● 参与行业社会责任报告相关的会议和论坛。
● 参与行业协会社会责任报告集中发布。

## （四）回应科研机构

近年来，全球范围内的社会责任运动也得到了学术界的广泛关注。当前，科研院所广泛设置社会责任研究机构、开设社会责任相关课程、发布社会责任研究成果，成为支撑我国企业社会责任发展的理论高地。比如中国社科院企业社会责任研究中心，自 2008 年成立以来，在社科院开设了 MBA 社会责任必修课，组织开展了"分享责任——公益讲堂"和"分享责任——首席责任官"培训；连续 9 年发布《企业社会责任蓝皮书》，成为国内外利益相关方了解中国企业社会责任发展现状的一扇窗口。

报告对科研机构的重点回应可从以下方面开展：
● 按照科研机构的标准和指引编制社会责任报告。
● 按照外部机构的意见和建议编制社会责任报告。
● 参与科研机构社会责任报告评级评价。

● 参与科研机构组织的社会责任报告相关会议和论坛。

● 在科研机构的教育教学和培训活动中分享社会责任报告。

● 与科研机构合作开展社会责任报告标准、指南的研发。

## (五) 回应新闻媒体

在互联网技术高速发展的今天，新闻媒体的推动和监督是企业社会责任发展的重要力量。如新华网、人民网、中国新闻社、南方周末、公益时报等主流媒体，每年会发布社会责任研究成果，召开社会责任峰会并评选社会责任先进个人、企业和项目等，数量多、规模大、影响广，是企业社会责任领域的重要参与者。

报告对新闻媒体的重点回应可从以下方面开展：

● 邀请媒体参加社会责任报告发布会。

● 参与新闻媒体组织的社会责任报告相关会议和论坛。

● 与媒体联合主办社会责任报告交流活动。

# 三、过程参与

过程参与，是指在社会责任报告编制的全生命周期，通过多种方式，让利益相关方参与到报告编制的过程中，实现以报告"为表"，以社会责任工作"为里"的沟通交流。

● 了解利益相关方期望，在社会责任报告中针对性回应。

● 发挥利益相关方优势（智力、技术等），解决报告编写过程中的困难和挑战。

● 传播企业社会责任理念、战略、文化，改变和提升利益相关方对企业的认识。

● 沟通企业社会责任工作的困难和不足，征得利益相关方的谅解和支持。

● 通过在报告编写过程中建立双方信任基础，影响利益相关方的观点和决策。

## （一）内部参与

与社会责任报告相关的内部利益相关方包括高层领导、职能部门和下属单位的社会责任联络人以及普通员工。

1. 高层领导参与

企业社会责任被称为"一把手工程"，在编制社会责任报告的过程中，高层领导的参与十分重要。

第一，高层领导的参与可以被理解为企业对社会责任报告编制的重视，便于社会责任部门在报告编制过程中更好地去整合各种资源，提升工作效率。

第二，高层领导参与报告编制过程，通过与各利益相关方的交流，能够提升其对社会责任工作及社会责任报告编制重要性的认识程度，便于企业在经营管理的过程中给予社会责任更多的重视，从而实现社会责任的战略价值。

第三，高层领导参与社会责任报告编制过程，能够发现企业在经营管理方面的缺失和不足，促使企业有针对性地加强在各个责任领域的管理，提升企业管理水平，从而达到"以报告促管理"的目的。

高层领导参与报告编制的途径主要包括：

● 参加报告启动会及培训会。

● 接受报告编写小组的访谈。

● 填写利益相关方调查问卷。

● 为报告撰写卷首语或致辞。

● 审核报告并定稿。

● 参与报告发布。

**案例：中国海洋石油总公司高层参与社会责任工作**

中海油在 2016 年可持续发展报告实质性议题界定环节，制作了"2016年可持续发展报告主题和社会责任议题备选方案"调查问卷，向各利益相关方征求意见。问卷调查过程中，中海油董事长杨华亲自参与填写问卷，勾选可持续发展报告主题、公司重要议题，并对问卷所列出的议题库进行补充。直接参与推动公司社会责任报告工作开展。

2016年可持续发展报告主题和社会责任议题备选方案

2. 社会责任联络人参与

社会责任报告撰写，离不开各部门、下属单位的配合与支持。分散在各部门、下属单位的社会责任联络人，既可以提供报告编写所需的各类素材，确保报告内容的准确性。同时，他们参与到社会责任报告的编制工作中，也能够提升其社会责任认识和水平，成为企业内部的责任火种，为责任管理与实践的推动、责任文化的建设奠定重要基础。

社会责任联络人参与报告编制的途径主要包括：

● 参加报告启动会及培训会。

● 按照要求为社会责任报告提供素材。

● 撰写社会责任报告的相关内容。

● 填写利益相关方调查问卷。

● 参与报告相关内容的网络投票。

● 参与报告重大节点的讨论。

● 参与报告发布。

● 参与报告复盘。

● 填写利益相关方调查问卷。

● 参与报告相关内容的网络投票。

● 参与报告发布。

● 反馈报告意见。

3. 普通员工参与

广大企业员工是社会责任最庞大的内部利益相关方。以一定的方式，调动他们参与社会责任报告的编制过程，既能提升企业内部对社会责任报告的认同度，又能真正培育负责任的企业文化，增强企业的责任凝聚力和自豪感。

普通员工参与报告编制的途径主要包括：

● 填写利益相关方调查问卷。

● 参与报告相关内容的网络投票。

● 参与报告发布。

● 反馈报告意见。

**案例：松下（中国）社会责任报告内览会**

《松下（中国）社会责任报告》是松下集团与利益相关方沟通的重要工具。为了让松下集团的员工能够了解集团上一年度在经济、社会和环境等各方面的履责情况以及报告书本身，并且能够更好地利用报告书与外界交流沟通，松下（中国）在每年报告书发布会后举办"松下（中国）社会责任报告内览会"。在"在华企业"集中的据点，采用开放式的会场，张贴展示重点内容的海报，与来到现场的员工进行充分的交流并听取员工对于报告书的需求和意见建议。

## （二）外部参与

与社会责任报告相关的外部重要利益相关方包括外部专家、社会责任监管部门和普通读者。

1. 外部专家参与

社会责任专家是社会责任的研究者和推动者。外部专家参与社会责任报告编制过程，能够有效提升社会责任报告的质量和社会责任报告编制工作的效率。与此同时，社会责任专家对于社会责任报告的趋势和编制技巧有深入研究和丰富实践，能够为企业带来最新的外部知识。另外，外部专家在开展社会责任研究和交流的过程中，可以把企业社会责任报告的亮点进行展示和传播，提升企业社会责任报告的影响力。

外部专家参与报告编制的途径主要包括：

● 与企业组成联合项目组。

● 担任报告顾问。

● 接受报告编制组访谈。

● 填写利益相关方调查问卷。

● 参与报告研讨。

● 参与报告发布。

● 对报告进行点评。

**案例：中国节能环保集团倾听社会责任专家声音**

中国节能环保集团公司为更好倾听社会责任专家声音，在《中国节能环保集团 2016 年社会责任报告》初稿完成后，邀请中国社科院企业社会责任

中国节能环保集团公司党委

关于征求对《中国节能环保集团公司 2016 年
社会责任报告》点评意见及修改建议的函

尊敬的 钟宏武主任：

打造"出资人放心、利益相关方信任、社会满意、员工幸福"的责任央企是中国节能环保集团公司的企业宗旨。为更好地倾听利益相关方和专家的声音，更好地加强社会责任管理，履行好我们的社会责任，现将《中国节能环保集团公司 2016 年社会责任报告》（征求意见稿，附件 1）呈上，征求您的意见和建议。

请您于 5 月 15 日 17:00 前将填好的《点评意见及修改建议反馈表》（附件 2）反馈至邮箱（zhangyang@cecep.cn）。

联系人：章杨，联系电话：010-62248552

手机：13466791688，QQ：434946036

附件：1.《中国节能环保集团公司 2016 年社会责任报告》
（征求意见稿）

研究中心主任钟宏武等权威专家对报告进行点评，征求修改意见，并根据反馈对报告进行进一步完善。

2. 社会责任监管部门参与

社会责任监管部门是政策和标准的制定者。在社会责任报告编制的过程中，尽可能邀请社会责任监管部门人员参加，具有重点沟通、精准影响的作用，进而显著提升社会责任报告的价值。

社会责任监管部门参与报告编制的途径主要包括：

● 报告撰写过程中，邀请主管部门人员接受调研访谈。

● 报告撰写过程中，邀请主管部门人员参与报告研讨。

● 报告撰写完成后，邀请主管部门人员进行报告点评。

● 报告撰写完成后，邀请主管部门人员参加报告发布会。

● 报告撰写完成后，向主管部门寄送社会责任报告并汇报报告编制情况。

3. 普通读者参与

如何摆脱社会责任报告"写谁谁看"和"谁写谁看"的窘境，让普通读者愿意读报告，让其参与报告编制过程是重要的途径。普通读者参与到报告的编制过程，不仅能够提升报告回应社会环境问题的准确性，提升报告的影响力，也能够树立企业负责任的品牌形象。让社会公众更加了解和支持企业的经营发展。

普通读者参与报告编制的途径主要包括：

● 填写利益相关方调查问卷。

● 参与报告相关内容的投票。

● 反馈报告意见。

● 参与报告相关的策划活动。

## （三） 参与矩阵

全生命周期参与矩阵如表 6-1 所示。

表6-1　全生命周期参与矩阵

|  | 参与主体 | 参与方式 |
|---|---|---|
| 组织 | 高层领导<br>外部专家<br>牵头部门<br>社会责任联络人 | 成立联合工作组 |
| 策划 | 高层领导<br>外部专家<br>牵头部门 | 成立联合工作组<br>专题小组 |
| 界定 | 原则上全体利益相关方 | 问卷调查<br>意见征求会 |
| 启动 | 高层领导<br>外部专家<br>牵头部门<br>社会责任联络人 | 启动暨研讨会 |
| 研究 | 外部专家<br>牵头部门 | 成立联合工作组 |
| 撰写 | 高层领导<br>外部专家<br>牵头部门<br>职能部门<br>下属单位 | 问卷调查<br>调研访谈<br>意见征求会<br>研讨会 |
| 发布 | 原则上全体利益相关方 | 发布会 |

# 四、影响传播

社会责任报告编制完成后，让它尽量广泛地影响利益相关方，是发挥报告价值的重要手段。如何让报告为社会公众所了解，可以从形式、交互和渠道三个维度着手。

## （一）创新形式

创新形式指对传统的社会责任报告进行"二次开发"，将常规报告转化为更加容易阅读的形式，满足现代社会人们的阅读习惯和阅读偏好。

1. 简版报告

在常规报告基础上，对各章节的重点、亮点内容进行筛选、组合与提炼。形成 10 页左右的精要内容，并进行重新设计、排版。让报告更加便携、易读。或是按照联合国全球契约的倡导，编制只披露社会责任年度工作进展的 COP 报告。

**案例：中国石化可持续发展进展报告**

为更好地回应利益相关方需求，中国石化主动对报告编制进行创新，自 2012 年起发布年度可持续发展进展报告。可持续发展进展报告的内容包括：由公司高层管理人员发表的将继续支持全球契约的声明；对公司在执行全球契约十项原则时所采取的实际行动的描述以及对公司现有或预期成果的衡量。COP 报告侧重披露公司在报告期内的可持续发展工作进展，章节体例简练，易读易懂。

2. 图片报告

在传统报告基础上，按照"简版报告"的制作方式，对重点和亮点内容进行提炼。并在此基础上，按照"一张图"读懂的方式，对内容进行设计排版，形成图片报告。与简版报告相比，图片报告更为"简洁"，阅读性更好，但对文字提炼和设计排版的要求高。近年来，"一张图读懂报告"已经为很多企业尝试，比如中国电子、三星中国等。

3. H5 报告

应用最新的第 5 代 HTML 技术，将传统的纸质报告或 PDF 报告，转换成为适合通过手机微信展示、分享的报告，可以集文字、图片、音乐、视频、链接等多种形式于一体。随着数量的增多，提升 H5 页面的制作效果，增加互动性和趣味性成为 H5 报告的新趋势（见图 6-3）。

4. 视频报告

视频报告是把社会责任的主要内容制作成以动画为主的视频形式。视频以清晰的脉络、生动的表达、简短的时间把企业履行社会责任的理念、管理、实践和绩效呈现在利益相关方面前，更具沟通性。视频报告使用环境灵活、沟通效果突出，已成为企业社会责任报告形式创新的重要方向。

**图 6-3　H5 报告**

5. 宣传文章

以报告为基本素材，组织和策划系列宣传文章，在传统媒体、新媒体和自媒体上进行投放，提升社会责任报告的影响力。

## （二）增加交互

现代社会，人们被海量信息包围。一件事物要想吸引大众注意，必须具备两个条件：第一是互动性，第二是趣味性。归根结底，就是要提升交互性。社会责任报告也是如此。

1. 增强互动性

企业社会责任报告是一个综合信息载体。精准找到报告与每一类利益相关方的强关联性，就能有效激发相关方阅读报告的热情，进而扩大社会责任报告的影响传播范围。

**案例：内蒙古蒙牛乳业（集团）股份有限公司报告增强员工互动**

H5 版本《蒙牛可持续发展报告 2016》，独创互动环节——"测测我的蒙牛 DNA"，读者在阅读完 H5 报告后进行简单答题，即可生成一个个人独有的"蒙牛 DNA"分析报告并可分享微信朋友圈。分析报告记录了员工的入职时间，并结合前卫的网络语言，总结了员工的性格特质。报告发布后，因为互动环节的设置，吸引了近 3 万名员工参与。

2. 增强趣味性

无论何种形式的报告，"好玩"都是公众愿意去阅读的重要前提。企业应该努力将社会责任报告与人们生活中喜闻乐见的事物相结合，让读者在愉悦的氛围下阅读报告。

**案例：兵器工业集团将《兵器腾飞棋》与社会责任报告相融合**

《报告》以"国防"和"科技"为主题，继续采用"1+X"［主报告（公众版）+分报告（专题报告）］联合发布方式。公众版主报告以"履行国家安全责任"为核心，聚焦珠海航展年度案例以及一张图读懂兵器"十三五"规划等专题案例，全面展示兵器工业集团在履行国家安全责任、经济责任、社会责任、环境责任等方面的主要亮点。科技版分报告按照"科技领先 创新未来"的理念，突出表现该公司在科技创新方面的主要成就与改革举措，并创意设计桌游《兵器腾飞棋》，通过寓教于乐的互动方式，让阅读者在轻松的氛围中走近兵器工业集团，提升沟通效果。

## （三）拓展渠道

报告要影响到利益相关方，必须通过一定渠道。除了编写过程中经常使用的"报告专家意见征求会"和"报告发布会"等渠道外，拓展报告传播渠道的方式还有巧借平台、参与评级、建立网站、制作报告相关产品和在工作中使用报告等。

1. 巧借平台

借用不同平台发布社会责任报告是提升报告影响力的有效途径。包含以下方式：

第一，借用内部平台，在企业重大活动中开辟专门环节发布社会责任报告。如一些企业在半年工作会上发布报告，一些企业在公司纪念日活动上发布报告等。

第二，借用外部平台，通过参与大型企业社会责任会议和论坛，多次发布企业社会责任报告。

**案例：中国石化在百人论坛平台上发布《中国石化精准扶贫白皮书（2002~2016）》**

2016年10月14日，中国石化在京举行发布仪式，正式对外发布《中国石化精准扶贫白皮书（2002~2016）》。2016年10月30日，中国石化在由中国社科院经济学部企业社会责任研究中心指导、中国社会责任百人论坛主办、中星责任云社会责任机构承办的"首届中国社会责任百人论坛暨企业社会责任蓝皮书2016发布会"上对白皮书进行二次发布，来自国务院扶贫办、工信部、中国扶贫基金会、中国标准化研究院、国家开发投资公司、东风汽车公司等政府官员、专家学者和企业代表及主流媒体共计200余人参加会议，扩大了《中国石化精准扶贫白皮书（2002~2016）》传播广度，进一步塑造了中国石化社会责任品牌形象。

2. 参与评级

当前，国内关于社会责任报告评级时间最长、专业性最高、影响力最大的是中国社科院企业社会责任研究中心自2010年以来组织开展的"中国企业社会责任报告评级"。目前评级已形成了评级报告、评级档案、评级证书、评级网站、报告白皮书五位一体成果体系。在研究、交流、展示过程中对评级企业的社会责任报告进行系统传播。

3. 建立网站

以企业社会责任报告的框架、内容为蓝本，并辅之以不同形态的社会责任报告版本，建设社会责任报告专门网站，将线下报告线上化，拓展报告传播渠道，提升报告影响力。

**案例：国家电投社会责任报告网页**

2017 年，国家电力投资集团在社会责任专栏下设置报告专题网页，整合放置了《2016 企业社会责任报告》《核电产业可持续发展报告》《光伏产业可持续发展报告》以及多媒体主报告、多媒体核电报告和多媒体光伏报告。将报告分类型、分板块线上化，构建了年度报告的系统生态，便于读者快速阅读。

4. 制作报告相关产品

将报告内容巧妙附加在有使用价值的日常办公和交流材料如笔记本、U 盘上，以此提升社会责任报告的可及性和影响频次。

5. 在工作中使用报告

推动报告的使用。包括：

第一，用社会责任报告替代部分企业宣传册的功能。

第二，向各部门、下属单位发放社会责任报告，倡导其在对外交流合作中使用社会责任报告、传播负责任的企业形象。

第三，在公共空间放置社会责任报告，供利益相关方取阅等。

# 第七章　报告质量标准

《指南 1.0》和《指南 2.0》时代，社会责任报告的重点聚焦在内容本身。对应的，报告的质量标准主要围绕报告内容展开，包括实质性、完整性、平衡性、可比性、可读性与创新性（六性）。《指南 3.0》开启了报告全生命周期管理时代，对报告的关注不再局限于内容，而是开始关注报告编制流程对社会责任管理工作的促进作用。倡导企业做实报告流程，以达到"以编促管"的目的。对应的，报告的质量标准增加了报告过程性（七性）。

随着社会责任报告实践的深入，《指南 4.0》提出了报告价值管理的主张，弥合了报告生态中最重要的一环，从而形成内容、流程和价值的综合指南。一本好的报告的标准也呼之欲出。那就是内容翔实、精准、坦诚，流程完整、扎实，价值得到最大程度发挥，在内容、流程和价值方面有某种程度的创新和突破。因此，《指南 4.0》提出了"四维"报告质量标准，即内容维度、流程维度、价值维度和创新维度。

由《指南 3.0》的"七性"到《指南 4.0》的"四维"，不仅是报告质量标准体系的优化和发展，更是对社会责任报告认识的深化。《指南 4.0》完整回答了为什么要编制社会责任报告（价值）、如何编制社会责任报告（流程）、编制什么样的社会责任报告（内容），而新的思想、新的尝试、新的突破是无论何时都需要的（创新）。由此，构成了一个逻辑清楚、层次分明的社会责任报告工作生态系统。

# 一、内容标准

## (一) 实质性

1. 定义

实质性是指报告披露企业可持续发展的关键议题以及企业运营对利益相关方的重大影响。利益相关方和企业管理者可根据实质性信息做出充分判断和决策，并采取可以影响企业绩效的行动。

2. 解读

企业社会责任议题的重要性和关键性受到企业经营特征的影响。具体来说，企业社会责任报告披露内容的实质性由企业所属行业、企业性质、经营环境和企业的关键利益相关方等决定。

3. 评估方式

内部视角：

● 报告议题与企业经营战略的契合度。

外部视角：

● 报告议题是否关注了重大社会环境问题。

● 报告议题是否回应了利益相关方的关注点。

---

**案例：现代汽车集团注重报告实质性**

《现代汽车集团（中国）2016 社会责任报告》系统披露了贯彻宏观政策、客户关系管理、确保产品安全、支持科技研发、产品召回机制、职业健康管理、安全生产保障、节能与新能源汽车研发与销售、节约资源能源、报废产品回收再利用等汽车制造业关键性议题，叙述详细充分，具有卓越的实质性表现。

---

## （二）完整性

### 1. 定义

完整性是指社会责任报告所涉及的内容较全面地反映企业对经济、社会和环境的重大影响，利益相关方可以根据社会责任报告知晓企业在报告期间履行社会责任的理念、制度、措施以及绩效。

### 2. 解读

完整性从两个方面对企业社会责任报告的内容进行考察：一是责任领域的完整性，即是否涵盖了责任管理、经济责任、社会责任和环境责任；二是披露方式的完整性，即是否包含了履行社会责任的理念、制度、措施及绩效。

### 3. 评估方式

● 标准分析：是否满足了《中国企业社会责任报告指南（CASS–CSR4.0）》等标准的披露要求。

● 内部运营重点：是否与企业战略和内部运营重点领域相吻合。

● 外部相关方关注点：是否回应了利益相关方的期望。

**案例：中国储备棉管理总公司披露了指南 91.8% 的核心指标**

《中国储备棉管理总公司 2016 年社会责任报告》从"棉之根·筑基""棉之干·伸展""棉之叶·抽绿""棉之蕾·蓄势""棉之花·簇拥""棉之铃·焕能""棉之实·吐絮"等方面披露了仓储业核心指标的 91.8%，完整性卓越。

## （三）平衡性

### 1. 定义

平衡性是指企业社会责任报告应中肯、客观地披露企业在报告期内的正面信息和负面信息，以确保利益相关方可以对企业的整体业绩进行准确的评价。

### 2. 解读

平衡性要求是为了避免企业在编写报告的过程中对企业的经济、社会、环境消极影响或损害的故意性遗漏，影响利益相关方对企业社会责任实践与绩效的判断。

3. 评估方式

考查企业在社会责任报告中是否披露了实质性的负面信息。如果企业社会责任报告未披露任何负面信息，或者社会已知晓的重大负面信息在社会责任报告中未进行披露和回应，则违背了平衡性原则。

**案例：三星中国重视负面信息披露**

2016 年，三星 Galaxy Note7 发生了多起燃损事件，引起广泛关注。《中国三星 2016 社会责任报告》除披露了企业安全生产事故数、工伤人数等负面数据信息外，以案例形式客观、详细地阐述了公司及第三方机构对 Galaxy Note7 事件的调查情况，对 Galaxy Note7 燃损原因及改进措施进行了细致披露，回应利益相关方期望。

## （四）可比性

1. 定义

可比性是指报告对信息的披露应有助于利益相关方对企业的责任表现进行分析和比较。

2. 解读

可比性体现在两个方面：纵向可比与横向可比，即企业在披露相关责任议题的绩效水平时既要披露企业历史绩效，又要披露同行绩效。

3. 评估方式

考查企业是否披露了连续数年的历史数据和行业数据。

**案例：中国一汽 2016 社会责任报告披露了 72 个可比性指标**

《中国一汽 2016 社会责任报告》披露了"营业总收入""利润总额""社会公益捐赠金额""在职员工总数""综合能耗""二氧化硫排放总量"等 72 个关键绩效指标 3 年以上的数据，并就"中国汽车行业品牌价值""自主品牌销售满意度""中国制造企业排名"等指标进行横向比较，可比性卓越。

## （五）可读性

1. 定义

可读性指报告的信息披露方式易于读者理解和接受。

2. 解读

企业社会责任报告的可读性体现在以下方面：

● 结构清晰，条理清楚。

● 语言流畅、简洁、通俗易懂。

● 通过流程图、数据表、图片等使表达形式更加直观。

● 对术语、缩略词等专业词汇做出解释。

● 方便阅读的排版设计。

3. 评估方式

从报告篇章结构、排版设计、语言、图表等各个方面对报告的通俗易懂性进行评价。

---

**案例：中国电子信息产业集团报告可读性优秀**

《中国电子信息产业集团有限公司 2016 年社会价值报告》以"链接幸福世界"为主题，围绕"国家战略、行业需求、公众关切、国际期待"等角度展开叙述，框架清晰，逻辑清楚，构思新颖；封面创意和过页设计以点线元素为主背景，既凸显企业行业特色，又彰显企业履责愿景；设计风格清新简洁，配图配色和谐淡雅，框架逻辑层次分明，显著提升了报告的悦读性；各章均以"实践案例"结尾，详述企业履责亮点，既呼应了报告篇章主题，又增强了报告易读性，具有卓越的可读性表现。

# 二、流程标准

## （一）组织

1. 定义

组织就是指为完成社会责任报告的编制工作，相互协作结合而成的团体。

2. 解读

组织是社会责任报告编写的保证，是社会责任报告编制工作的起点，贯穿于报告编写的全部流程。强有力的组织，不仅能够保证报告编制工作的高效开展，也能够有效支撑和促进企业社会责任管理工作的进行。

3. 评估方式

表 7-1　评估方式（一）

| | |
|---|---|
| | 成立报告编制工作组 |
| | 高层领导参与、领导和统筹报告编制 |
| 组织 | 职能部门和所属单位参与、配合报告编制 |
| | 外部专家参与、指导报告编制 |
| | 工作组有完善的运作机制 |

## （二）策划

1. 定义

策划是为了最大程度地做好报告编制及其相关工作，遵循一定的方法或者规则，对未来即将发生的事情进行系统、周密、科学的预测并制订科学的可行性的方案。

2. 解读

策划是系统的设计，对社会责任报告而言，首先要明确编制社会责任报告的主要目标，进而对报告编制工作进行近期与远期、形式与内容、主题与框架、创新与传承、单项工作与建章立制等方面的系统计划。

3. 评估方式

**表 7-2 评估方式（二）**

| | |
|---|---|
| | 清晰定位报告功能与价值 |
| | 就报告内容、形式和体系等做中长期计划 |
| 策划 | 制定报告的主题和框架 |
| | 明确报告的创新点 |
| | 制定报告管理制度与流程 |

## （三）界定

1. 定义

界定是指对企业社会责任报告披露的关键议题，按照一定的方法和流程进行确定。

2. 解读

实质性是企业社会责任报告内容标准的要求，如何确保报告内容的实质性，需要企业在社会责任报告编制的过程中进行实质性议题的界定。明确企业的核心社会责任议题，不仅能够用于社会责任的编制，也是企业开展社会责任管理与实践的重要基础。

3. 评估方式

**表 7-3 评估方式（三）**

| | |
|---|---|
| | 开展广泛的社会责任环境扫描 |
| | 构建科学、全面、与时俱进的议题清单 |
| 界定 | 就责任议题与利益相关方进行日常或专项沟通 |
| | 科学识别实质性议题 |
| | 建立实质性议题应用和管理机制 |

## （四）启动

1. 定义

启动是指年度社会责任报告编制工作的开始，报告启动意味着编制工作进入了正式环节。

2. 解读

报告启动是报告编制工作过程中的标志性事件。启动会的召开是为了达到统一思想、聚合资源、了解形势、分配任务、解答疑难的目的。高质量的启动会能够保证报告编制各个环节的质量和效率。

3. 评估方式

**表 7-4 评估方式（四）**

| 启动 | 召开报告编制启动会 |
| --- | --- |
| | 就社会责任报告理论、实践、趋势等进行培训 |
| | 讲解报告编制思路和推进计划 |
| | 建立信息化工作协同平台 |

## （五）研究

1. 定义

研究是指主动寻求社会责任报告的根本性特征与更高可靠性依据，从而为提高报告编制的可靠性和稳健性而做的工作。

2. 解读

"工欲善其事，必先利其器"。在报告动笔前，开展系统的研究，对企业年度社会责任素材、国内外优秀企业社会责任报告、国内外最新社会责任标准和倡议进行研究，并开展调研征求公司领导、职能部室、下属单位对报告的意见，可以最大化开拓报告思路，夯实报告的内容。

3. 评估方式

**表 7-5 评估方式（五）**

| 研究 | 消化吸收存量资源 |
| --- | --- |
| | 对标国内外优秀报告 |
| | 对高层领导进行访谈 |
| | 开展部门、所属单位访谈和调研 |

## （六）撰写

1. 定位

撰写是按照社会责任报告的内容原则、质量原则，结合前期的组织、策划、界定、启动、研究工作的结果，开展社会责任报告主体内容的写作。

2. 解读

撰写是一项系统工程，包括素材搜集—报告分工—初稿撰写—初稿研讨—素材补充—修改完善—报告统稿—部门会审—修改完善—领导审核—修改完善—文字定稿等，是社会责任报告编制工作的主体。

3. 评估方式

**表 7-6　评估方式（六）**

| 撰写 | 明确撰写方式 |
|---|---|
| | 确定撰写流程 |
| | 制作和下发材料搜集清单 |

## （七）发布

1. 定义

发布是指社会责任报告等通过报纸、杂志、网络或者公众演讲等文字和演讲的形式公之于众，向外界传输企业履责信息的过程。

2. 解读

报告发布是利益相关方获取报告信息的关键环节，发布的方式和渠道多种多样。企业发布质量的高低直接决定社会责任报告能够发挥价值的程度。

3. 评估方式

**表 7-7　评估方式（七）**

| 发布 | 召开报告专家意见征求会 |
|---|---|
| | 召开报告专项发布会 |
| | 召开嵌入式报告发布会 |
| | 申请报告第三方评价、评级 |
| | 多渠道使用报告 |

## （八）总结

1. 定义

总结是指社会责任报告告一段落或全部完成后进行回顾检查、分析评价，从而肯定成绩、得到经验、找出差距、得出教训和一些规律性认识的重要环节。

2. 解读

报告总结是社会责任报告闭环管理的最后一环，对报告进行总结，不仅能够系统回顾当年报告编制过程中的得失，也能够为未来报告编制统一认识，寻找改进点。

3. 评估方式

表 7-8    评估方式（八）

| 总结 | 报告发布后，召开复盘会 |
| --- | --- |
| | 广泛征求利益相关方对报告的意见 |

# 三、价值标准

## （一）回应性

1. 定义

回应性指社会责任报告在全面扫描企业社会责任履责环境的基础上，有针对性地将社会责任报告的编制、发布和应用与满足强势机构对企业履行社会责任的要求结合起来，为企业履行社会责任及经营发展争取最大的政策红利与声誉价值。

2. 解读

随着企业社会责任的发展，政府部门、行业协会、资本市场、科研机构、新闻媒体等利益相关方在社会责任的政策制定、研究推动、监管要求、评选评价等方面，有越来越多的行动和要求。企业通过发布社会责任报告来针对性地回应和满足这些要求，是企业社会责任报告最基本也是最重要的价值所在。

3. 评估方式

● 报告是否回应了重要的社会责任（监管）政策要求。

● 报告是否回应了重要的社会责任标准和倡议。

● 报告是否回应了重要的社会责任评选评价的要求。

**案例：中国交建回应《环境、社会及管治报告指引》**

2015 年 7 月 17 日，香港联合交易所发布了针对《环境、社会及管治报告指引》（《主板上市规则》附录二十七，"ESG"）的建议修订的咨询文件。ESG 于 2016 年 1 月 1 日或之后开始的财年正式生效，企业须每年披露环境、社会及管治资料，有关资料所涵盖的期间须与其年报内容涵盖的时间相同。中国交通建设集团作为在香港联合交易所上市的公司，积极响应港交所规定，在企业社会责任报告结尾附针对 ESG 的指标索引，满足 ESG 披露要求。

| | ESG 要求 | | 对应报告位置 |
|---|---|---|---|
| A1 排放物 | 一般披露 | 有关废气及温室气体排放、向水及土地的排污、有害及无害废弃物的产生等的：<br>(a) 政策；<br>(b) 遵守发行人有重大影响的相关法律及规例的资料 | P48 |
| | A1.1 | 排放物种类及相关排放数据 | P40-50，P73 |
| | A1.2 | 温室气体总排放量（以吨计算）及（如适用）密度（如以每产量单位、每项设施计算） | P49-50，P73 |
| | A1.3 | 所产生有害废弃物总量（以吨计算）及（如适用）密度（如以每产量单位、每项设施计算） | P49，P51 |
| | A1.4 | 所产生无害废弃物总量（以吨计算）及（如适用）密度（如以每产量单位、每项设施计算） | P40-50 |
| | A1.5 | 描述减少排放量的措施及所得成果 | P51 |
| | A1.6 | 描述处理有害及无害废弃物的方法、减少产生量的措施及所得成果 | P49-51 |
| A2 资源使用 | 一般披露 | 有效使用资源（包括能源、水及其他原材料）的政策 | P48 |
| | A2.1 | 按类型划分的直接及/或间接能源（如电、气或油）总耗量（以千个千瓦时计算）及密度（如以每产量单位、每项设施计算） | P73 |
| | A2.2 | 总耗水量及密度（如以每产量单位、每项设施计算） | 中国交建用水情况分为直接用水和间接用水。直接用水包括地下水取水、河流水取水等情况，项目所在地发展不均衡，计量统计难度大；间接用水暂时未建立总水耗量的统计渠道。2017 年起将通过改进用水设备逐步实现直接用水及间接用水量的统计和管理 |

## （二）参与性

**1. 定义**

参与性指企业社会责任报告在编制的全流程，通过设置恰当的环节，让利益相关方参与到报告的编制过程中。

**2. 解读**

让利益相关方参与报告的编制，是发挥报告编制价值的重要途径。企业应选择核心利益相关方，在适当的范围内参与到报告的编制过程中，深入沟通、精准影响，发挥过程价值。

**3. 评估方式**

● 企业高层领导参与到报告的编制过程。

● 职能部室和下属单位参与到报告编制的过程。

● 普通员工参与到报告编制的过程。

● 召开报告专家意见征求会。

● 申请报告第三方评价、评级。

● 政府、媒体、客户、合作伙伴、社区代表等参与到报告编制过程。

**案例：佳能（中国）创新报告发布，提升利益相关方参与度**

佳能（中国）于 2017 年 8 月 30 日在北京金宝大厦举行了 2017 年企业社会责任工作沟通会，沟通会上同时发布了《佳能（中国）企业社会责任报告 2016~2017》。工信部政策法规司副巡视员郭秀明、中国外商投资企业协会副会长李玲等政府领导和行业协会、企业社会责任领域专家、企业代表等出席会议。

报告发布会上，佳能（中国）有限公司董事长兼首席执行官小泽秀树亲自致辞。随后 7 位佳能（中国）员工分别从客户、经销商、环境、员工、公益等角度向利益相关方全面展示佳能（中国）的社会责任理念和履责实践。与会嘉宾还近距离体验了佳能在智慧教育、安心城市和健康生活三个领域的产品和解决方案。整场沟通会以社会责任报告发布为契机，有效促进政府关系和公众关系发展，增进利益相关方沟通，加大传播力度，提升佳能（中国）品牌形象。

## （三）传播性

1. 定义

传播性是指社会责任报告信息的传递和运行。

2. 解读

让报告所承载的社会责任信息为更多的利益相关方感知，从而知晓企业、了解企业、理解企业进而支持企业，是报告发挥价值的另外一个重要途径。让社会责任报告以更加通畅的渠道、更加新颖的形式呈现给更多利益相关方，是报告价值最大化的必然要求。

3. 评估方式

● 对报告进行二次开发，编制简版报告、H5 版报告、视频版报告等。

● 召开报告专项发布会或嵌入式发布会。

● 在大型活动平台上二次发布报告。

● 结合报告发布策划系列宣传文章和主题活动。

● 参与报告相关的会议、论坛、调研等相关活动。

● 策划和推广报告主题产品。

● 制作报告专门网站。

● 多渠道使用报告。

---

**案例：华润集团全方位传播方式**

华润集团有限公司 2015 年社会责任报告完成后，除了将定稿的电子版报告上传企业官网和以官微推送，供利益相关方下载阅读外，还进行了全方位的宣传发布活动。

● 制作了 2015 年社会责任报告的简版报告。梳理履责亮点，提炼关键数据，制作成简版口袋书，便于携带和传播。

● 用报告封面设计制作了卡式 U 盘，U 盘内预拷贝社会责任报告，以礼品形式赠送发布。

● 在香港部分纸媒上进行了投放宣传。

● 在《指南 4.0》启动会上进行了二次发布演讲。

通过多种形式，有效加大宣传覆盖面，提升宣传质量。

# 四、创新标准

**1. 定义**

创新是指企业社会责任报告在各个维度事项上的突破点。

**2. 解读**

社会责任报告的创新主要体现在三个方面：报告内容、形式的创新，报告流程的创新及报告价值的创新。创新不是目的，通过创新提高报告质量是根本。

**3. 评估方式**

将报告内容、形式、流程、价值与国内外社会责任报告以及企业往期社会责任报告进行对比，判断其有无创新，以及创新是否提高了报告质量。

**案例：中国建筑社会责任报告注重创新**

《中国建筑股份有限公司 2016 可持续发展报告》创新"神形兼备"，报告立意高远，全文从主体的确定，框架的拟定，文字的表达到设计的展开，全方位服务打造"中国建造"品牌，彰显中国建筑担当的报告"灵魂"：内容与时俱进。充分回应了联合国可持续发展目标（SDGs），并在一定程度上进行了管理方法披露（DMA）。体现出中国建筑作为全球最大投资建设集团的责任引领作用：形式既有整体性又具有律动性。主题和内容充分衔接，各章节体例一致，环环相扣又自成体系。生动展现了企业年度履责绩效，具有卓越的创新性表现。

# 第八章 黄金品质，璀璨生活

## 一、公司简介

中国黄金集团有限公司（以下简称中国黄金）是我国黄金行业唯一一家中央企业，是中国黄金协会会长单位，也是世界黄金协会唯一一家中国的董事会成员单位，其前身是成立于1979年的中国黄金总公司，2002年底经国务院批复同意组建。

中国黄金的主业是："贵金属及伴生金属资源开发、冶炼、加工、贸易，辐照加工业，相关工程技术服务"，是集地质勘探、矿山开采、选矿冶炼、产品精炼、加工销售、科研开发、工程设计与建设于一体的大型矿业公司，拥有完整的上下游产业链。自组建以来，中国黄金按照市场经济规律，不断优化调整发展战略、推进改革创新，实现了快速发展。目前，公司黄金资源储量、矿产金产量、精炼金产量、黄金投资产品市场占有率、黄金选冶技术水平、上海黄金交易所综合类会员实物黄金交易量六项指标位居国内行业第一。作为我国黄金行业的龙头企业，中国黄金为我国黄金产业的发展做出了突出贡献。

中国黄金下设中金黄金、中金国际、中金珠宝、中金建设、中金资源、中金辐照、中金贸易七大业务板块，以及内蒙古矿业公司、中金科技等骨干企业和中国黄金报社等文化传媒企业。截至2016年末，共有252户权属企业，两家上市公司（境内A股上市公司"中金黄金"以及加拿大和中国香港两地上市的"中金国际"），"中国黄金"品牌已成功在国家工商总局注册，目前全国投资金条及黄金珠宝营销网点2000多家，遍布全国大中城市。

# 二、履责历程

中国黄金履责历程如表 8-1 所示。

表 8-1　履责历程

| 1979 年 | 中国黄金总公司（中国黄金集团公司前身）正式成立 |
|---|---|
| 2002 年 | 《国务院关于组建中国黄金集团公司有关问题的批复》（国函〔2002〕102 号）原则同意《中国黄金集团公司组建方案》和《中国黄金集团公司章程》。《批复》同时指出："中国黄金集团公司是在原中央所属黄金企事业单位基础上，由中国黄金总公司依法变更登记组建的国有企业" |
| 2003 年 | 中国黄金总公司在国家工商行政管理总局变更登记为中国黄金集团公司 |
| | 中金黄金股份有限公司在上海证券交易所挂牌上市，是国内第一家上市的黄金企业 |
| | 国家发展和改革委员会同意中国黄金集团公司自 2003 年起在国家计划中实行单列 |
| 2004 年 | 中国共产党中国黄金集团公司第一次代表大会在北京举行，大会选举产生了集团公司第一届党委会和纪律检查委员会 |
| 2007 年 | 中国黄金年度工作会议翻开了集团公司谋求超常规跨越式发展的新篇章 |
| 2009 年 | 乌努格吐山铜钼矿项目投料试车成功，该项目是中国黄金实施多金属发展战略的首个大型有色金属项目，也是迄今投资最大的建设项目 |
| 2010 年 | 中金国际在香港联合交易所主板挂牌上市，成为加拿大和中国香港两地上市公司 |
| | 中国黄金集团公司获 AAA 信用等级，成为国内首家具备这一信用等级的黄金企业 |
| | 制定 2011~2015 第一个社会责任五年规划，并将其纳入中国黄金"十二五"战略发展规划 |
| 2011 年 | 中国黄金明确提出了"十二五"发展目标，要建设世界一流矿业公司 |
| | "西藏华泰龙公司带动藏区和谐发展"入选《2012 全球契约中国网络年鉴》 |
| | 中国黄金首次发布社会责任报告——《中国黄金集团公司 2010 年社会责任报告》，这也是我国黄金行业向公众发布的首份企业社会责任报告 |
| | 中国黄金加入联合国全球契约 |
| 2012 年 | 中国黄金在中国社会科学院发布的《2012 年企业社会责任蓝皮书》中社会责任指数位列全国第十二位，国有企业前十位 |
| 2013 年 | 宋鑫同志任中国黄金党委书记、总经理 |
| 2014 年 | 中国黄金明确了"强化管理练内功、改革创新谋发展"的工作主线和"十个更加注重"的战略思路，着力提高发展质量和效益，全面提升综合竞争力 |
| | 与中国社科院企业社会责任研究中心合作编制的《中国企业社会责任报告编写指南 3.0 之一般采矿业》发布，这是国内发布的第一本分行业社会责任报告编写指南 |
| | 湖北三鑫金铜股份有限公司和内蒙古矿业有限公司两家企业，被中国社会科学院企业社会责任中心授予"企业社会责任示范基地"荣誉称号 |

| | |
|---|---|
| 2014 年 | 中国黄金社会责任报告首次获中国社科院企业社会责任报告评级委员会五星级评价 |
| | 国务院国资委《关于调整中国黄金集团公司主业的批复》将中国黄金主业调整为：贵金属及伴生金属资源开发、冶炼、加工、贸易；辐照加工业；相关工程技术服务 |
| 2015 年 | 在习近平主席和普京总统的共同见证下，中国黄金与俄罗斯极地黄金公司成功签署了合作开发黄金及有色资源的合作协议，开启了集团公司在国家"一带一路"倡议下的"走出去"新征程 |
| | 中国黄金加入世界黄金协会，并成为世界黄金协会董事会唯一一家中国成员单位 |
| 2016 年 | 中国黄金成为首批"上海金"参考价成员单位 |
| | 中共中国黄金集团公司委员会党校揭牌，中国黄金党建工作进入一个崭新的时期 |
| | 中鑫国际举行开业仪式，标志着集团公司产融结合开辟新篇章 |
| | 刘冰总经理参与联合发起的中国社会责任百人论坛 |
| | 中国黄金刚果（布）索瑞米项目建成投产 |
| 2017 年 | 中国黄金第一届董事会第一次临时会议在京召开。会议通过了《关于第一届董事会第一次临时会议议事规则的议案》和《关于董事会专门委员会构成、职责方案及提名委员临时议事规则的议案》 |
| | 中国黄金成为中国社会责任百人论坛理事长单位 |
| | 中原黄金冶炼厂整体搬迁升级改造项目通过竣工验收，该项目是亚洲最大的黄金综合回收基地 |
| | 经国务院国资委批复同意，中国黄金集团公司完成了公司制改制，并在北京市工商局办理了工商变更登记手续，企业名称由"中国黄金集团公司"变更为"中国黄金集团有限公司"，企业性质由全民所有制企业整体改制为有限责任公司（国有独资） |

# 三、责任报告

## （一）报告概览

企业社会责任报告是企业就社会责任信息与利益相关方进行沟通的主要平台。中国黄金很早就开始撰写社会责任工作报告内部版，但由于缺乏对社会责任的正确理解，报告还停留在每年的内部总结上。自 2011 年开始，中国黄金在充分调研学习的基础上，系统开展社会责任工作，建立了社会责任报告发布机制，成功组织编写并对外发布了中国黄金第一份社会责任报告——《中国黄金集团公司 2010 年社会责任报告》，并确定了该报告为年度报告，每年都进行编制、发布，积极向社会发布履行社会责任工作情况。

从 2015 年起，中国黄金要求有条件的企业逐步发布社会责任报告。截至目前，中国黄金已有 10 家子公司编制发布企业社会责任报告，向社会披露履责信息，形成了相对完善的社会责任报告体系。

## （二）报告投入

中国黄金的社会责任报告投入主要表现为人员投入、时间投入、素材收集、召开座谈会和经验交流会等。八年来，中国黄金社会责任报告编写投入人员、时间、素材收集基本稳定，座谈会和外部经验交流逐步增加。其中，2017 年度报告编写过程中多次召开座谈会与经验交流会，最终形成了 6 万余字的报告。

## （三）报告评价

目前，中国黄金已经形成了完整的社会责任报告编写、发布体系，社会责任报告编写水平稳步提升，得到社会责任领域专家的高度肯定。

1. 社会责任报告编写水平评价

自 2011 年起，中国黄金企业社会责任报告开始在中国社会科学院企业社会责任研究中心"中国企业社会责任报告专家委员会"进行评级。该评级从实质性、完整性、平衡性、可比性、可读性、创新性六个方面对企业社会责任报告的编写水平进行评价。评价结果显示，中国黄金集团有限公司社会责任报告编写的六个维度：实质性、完整性、平衡性、可比性、可读性和创新性整体保持稳步提升的趋势（见表 8-2）。

表 8-2　中国黄金集团有限公司社会责任报告评级一览

| 评级时间 | 综合得分 | 过程性 | 实质性 | 完整性 | 平衡性 | 可比性 | 可读性 | 创新性 |
|---|---|---|---|---|---|---|---|---|
| 2011 年 | ★★★★ | — | ★★★★☆ | ★★★★☆ | ★★★★ | ★★★★ | ★★★★ | ★★★★ |
| 2012 年 | ★★★★☆ | — | ★★★★★ | ★★★★☆ | ★★★★ | ★★★★★ | ★★★★ | ★★★★ |
| 2013 年 | ★★★★☆ | — | ★★★★★ | ★★★★☆ | ★★★☆ | ★★★★★ | ★★★★☆ | ★★★★ |
| 2014 年 | ★★★★★ | ★★★★☆ | ★★★★★ | ★★★★☆ | ★★★★☆ | ★★★★★ | ★★★★★ | ★★★★☆ |
| 2015 年 | ★★★★★ | ★★★★☆ | ★★★★★ | ★★★★★ | ★★★★★ | ★★★★★ | ★★★★☆ | ★★★★☆ |
| 2016 年 | ★★★★★ | ★★★★☆ | ★★★★★ | ★★★★☆ | ★★★★★ | ★★★★☆ | ★★★★ |  |
| 2017 年 | ★★★★★ | ★★★★★ | ★★★★★ | ★★★★★ | ★★★★★ | ★★★★☆ | ★★★★☆ |  |
| 2018 年 | ★★★★★ | ★★★★★ | ★★★★★ | ★★★★★ | ★★★★★ | ★★★★★ | ★★★★★ |  |

2. 社会责任报告专家评价

企业社会责任报告专家评价是一种个人行为，企业社会责任专家利用个人的知识背景和声望对企业社会责任报告进行评价，标识了企业社会责任报告的高水平。中国黄金发布社会责任报告以来，其社会责任报告得到了大众传媒、内部员工、企业社会责任专家的好评，这不仅反映了其社会责任报告披露社会责任信息的高水平，而且反映了其社会责任工作得到了利益相关方的广泛认同。

# 四、报告管理

## (一) 组织

中国黄金健全社会责任组织机构，设立社会责任工作指导委员会。社会责任工作指导委员会主任由董事长担任，副主任由总经理担任，成员由集团公司各相关部门负责人组成。社会责任工作指导委员会下设办公室。各子公司按集团公司的组织构架模式确定相应的社会责任管理机构，明确社会责任工作人员，建立企业社会责任的统一组织和有效管理体系。

社会责任工作指导委员会主要职责：

(1) 建立和健全社会责任工作机构，完善社会责任工作管理体系。

(2) 制定集团公司社会责任工作战略规划，指导、监督、检查、考核社会责任工作落实。

(3) 发布社会责任报告。

社会责任工作指导委员会下设办公室主要职责：

(1) 制定集团公司社会责任规划，确定集团公司年度社会责任工作重点。

(2) 负责社会责任工作制度建设。

(3) 落实集团公司社会责任管理的各项日常工作，协调处置、收集、汇总、整理、报送涉及社会责任的各项管理工作。

(4) 负责集团公司社会责任报告发布的组织、协调工作，做好社会责任工作的宣传和社会各界对社会责任的反馈意见的收集和回复。

(5) 负责社会责任目标的确立与考核工作。

子公司社会责任管理机构主要职责：

(1) 制定本公司社会责任规划和详细的年度实施细则。

(2) 针对公司实际情况，组织开展社会责任活动。

(3) 组织并上报社会责任工作开展情况相关材料。

(4) 组织社会责任工作相关培训。

（5）做好社会责任工作宣传和样板培育工作。

1. 集团公司 2017 年社会责任报告编写指导委员会（以下简称编写指导委员会）

主任：董事长。

副主任：领导班子成员。

成员：集团公司各部门主要负责人。

编写指导委员会的主要职责：

（1）确定集团公司 2017 年社会责任核心议题。

（2）确定集团公司 2017 年社会责任报告主体框架。

（3）指导完成集团公司 2017 年社会责任报告编写工作。

（4）审核集团公司 2017 年社会责任报告。

2. 集团公司 2017 年社会责任报告编写小组（以下简称编写小组）

组长：主管领导。

副组长：企业管理部经理。

成员：企业管理部社会责任处成员、各单位（部门）社会责任联系人。

编写小组主要职责为：

（1）根据集团公司 2017 年社会责任核心议题，编制集团公司 2017 年社会责任主体框架报编写指导委员会审定。

（2）收集、整理集团公司 2017 年社会责任报告材料。

（3）编写集团公司 2017 年社会责任报告，并征求利益相关方意见修改完善。

（4）设计完成集团公司 2017 年社会责任报告，报编写指导委员会审核。

（5）准备报告评级相关事宜，并按照编写指导委员会要求，发布社会责任报告。

（6）按照编写指导委员会要求完成报告编制的其他工作。

## （二）策划

中国黄金每年第四季度对本年度社会责任工作进行总结，并根据实际，制定下年度工作计划，对社会责任报告编制工作及相关工作进行总体策划和部署，明确年度社会责任工作目标，提出集团公司及子公司报告编制要求，确定编制时间表，系统安排报告编写人员、费用、调研范围、设计、修改、外部评价、发布及总结等各个环节，并统筹安排社会责任培训、专家调研、案例评选、制度建设等工作。

集团公司独立发布社会责任报告的子公司每两年发布一次。2018 年，内蒙古矿业公司、西藏华泰龙公司将发布第二本社会责任报告。根据集团公司社会责任工作需要，计划增加中原冶炼厂及贵州锦丰公司两家企业独立编制社会责任报告。4 家企业需安排专门人员负责此事，做好材料收集、组织协调等工作，确保报告与集团公司报告同步发布。

中金国际按照上市公司相关规定执行。

## （三）界定

### 1. 了解利益相关方需求

利益相关方是企业履行社会责任的对象，更是披露企业履行社会责任信息的受众。中国黄金集团有限公司报告编制和发布过程中全程引入了利益相关方参与机制，更好地实现了企业社会责任报告披露企业社会责任信息的针对性和有效性（见图 8-1）。

中国黄金深入研究利益相关方关切的问题，高度重视与利益相关方的沟通，将相关诉求转化为集团公司社会责任行动目标和方案，切实加强自身能力建设，并通过各种渠道和途径，向利益相关方传播集团公司责任理念及履责动态，努力满足各方合理的期望与要求。

### 2. 议题确定流程

社会议题的确定必须建立在充分了解利益相关方需求的基础上，中国黄金通过收集、分析各利益相关方对公司的需求和期望，明确与各利益相关方的沟通方式，确定指标，最终形成中国黄金社会核心责任议题。

第一步：确定社会责任目标，即借鉴 CSR 标准和最佳责任实践确立社会责任目标。

第二步：了解利益相关方的期望，即积极与利益相关方进行沟通，了解对方关切的重大议题。

第三步：进行重大议题筛选，即根据利益相关方的关切程度与相关议题对公司发展的影响来筛选并排序。

第四步：制订工作计划并付诸实践，即拟定行动规划，确定参与的范围，提

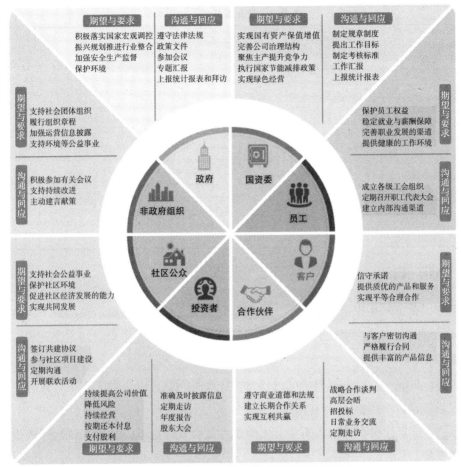

**图8-1　中国黄金集团有限公司主要利益相关方**

供行动资源。

第五步：利益相关方的反馈，即通过内部交流与外部沟通评估规划的实施效果。

第六步：总结与改进，即总结经验，持续改进。

3. 社会责任核心议题

围绕集团公司社会责任理念，中国黄金分析确定了利益相关方，充分了解利益相关方的需求，确定了社会责任核心议题。如表8-3所示。

表 8-3　社会责任核心议题

| | |
|---|---|
| 经济绩效 | 维护国家金融稳定<br>可持续开发<br>战略共享<br>科技创新<br>合规经营 |
| 环保节能 | 环境保护<br>节能减排<br>环保公益 |
| 安全健康 | 安全生产<br>职业健康 |
| 和谐共赢 | 员工责任<br>社区共建<br>公益活动 |

## （四）启动

中国黄金每年根据工作实际，采用召开社会责任报告编制启动会或下发启动通知的形式，启动当年社会责任报告编制工作。启动会或启动通知主要完成以下几项工作：

（1）对前一年报告编写情况进行总结，查找问题，提出解决方案，并确定如何在当年报告中落实。

（2）确定社会责任报告需要突出的重点社会责任议题，并根据议题形成报告主体框架。

（3）确定各部门需提供的材料范围及在报告编写中的职责。

（4）针对利益相关方关注，以及集团公司年度亮点、重点工作，确定专题内容。

（5）确定报告编写日程安排。

同时，为配合报告编写，提高社会责任工作人员能力，组织集团公司社会责任委员会办公室及各部门工作人员参加国资委、中国社会科学院及其他机构举办的培训班，在进一步掌握国内外社会责任最新动态、知识的同时，把握社会责任报告的最新标准、要求，以便更好地把握社会责任工作。同时，中国黄金每年在集团范围内举办培训班。一方面聘请专家从理论方面对社会责任进行讲解；另一方面就集团公司往年社会责任报告编写过程中存在的问题，如何改进，以及集团公司下一年社会责任报告编写的安排等进行详细讲解，明确工作要求。

　　中国黄金2016年社会责任报告编写启动会在集团总部召开。会议对集团公司2016年社会责任工作进行了总结，对2017年社会责任工作进行了部署和安排，重点对社会责任报告编写提出了要求、进行了安排。集团公司总经理刘冰出席会议并作重要讲话。

　　2017年8月9~11日，中国黄金组织各子公司社会责任工作负责人近40人在苏州参加由中国社科院企业社会责任研究中心指导的社会责任培训。此次培训以"聚社会责任，发美好之声"为口号，以名师授课、实地参观、责任表演等形式，传播企业社会责任理念，提升企业社会责任意识，旨在有效地帮助各子公司解决发展中遇到的问题，帮助受训人员处理复杂的社会、环境议题，应对多元挑战。

## （五）研究

　　中国黄金每年编写社会责任报告前，会根据前一年报告指标情况、报告编写设计情况及案例选取情况进行分析研究，并与国内外优秀社会责任报告进行对标分析，找出存在的问题和差距。

　　（1）指标体系。根据前一年报告中指标披露情况，结合企业实际及利益相关方关注，对指标体系进行研究调整，确定需进一步披露的指标，对指标体系进行调整完善。

　　（2）编写技巧。对其他企业优秀社会责任报告进行分析研究，针对中国黄金社会责任报告，寻找报告框架搭建、文字表达、内容呈现、案例处理以及元素使用等方面存在的差距和不足。

　　（3）报告素材。结合确定的报告框架和前一年报告中素材收集情况，研究具体议题素材情况，到企业调研、进行素材收集时，有针对性地要求相关企业组织相关利益相关方进行座谈和提供相关素材。

## （六）撰写

1. 收集报告素材

中国黄金在收集报告素材的过程中坚持"三个结合"。

　　（1）平时收集与年终总结相结合。平时收集是要求各企业社会责任工作人员需要及时掌握公司社会责任实践动态，把握第一手资料，记录台账，并及时上报集团公司社会责任工作部门。年终总结是每年年终还需将收集的资料进行汇总整理后，由集团公司统一进行审核。

（2）集团总部各部门横向收集和自上而下按企业收集相结合。中国黄金根据部门职责划分，将社会责任报告指标体系进行分解，各部门根据指标分解任务，收集整理职责范围内的相关材料，并对具体案例选择提出建议。社会责任工作委员会办公室汇总各部门意见，到各企业进行调研，审核、收集各企业提供社会责任报告材料。

（3）数据资料和实践案例相结合。对能量化的材料，要求各部门、各企业尽可能进行量化统计，不能进行量化统计的，按要求提供实践案例，社会责任工作委员会办公室汇总相关材料后，根据集团实际及报告编制要求，统一协调。社会责任工作委员会办公室对收集的材料进行统一汇总，整理完成后，根据确定好的报告编写框架，编写社会责任报告，并根据材料整理情况对报告结构进行优化调整，形成初稿。

2. 形成报告基本框架

根据集团公司确定的四个社会责任议题，结合集团公司年度战略规划及发展的实际要求，对核心议题进行细化，明确集团公司年度社会责任议题，根据议题形成报告的基本框架（见表 8-4）。

表 8-4　2017 年社会责任报告框架

| 结构 | 一级标题 | 二级标题 |
| --- | --- | --- |
| 报告前言 | 董事长致辞 | |
| | 总经理致辞 | |
| | 黄金传承 | |
| | 专题聚焦 | ①不忘初心抓党建　砥砺前行铸新篇<br>②全力决胜脱贫攻坚　携手共创美好生活 |
| | 黄金责任——责任管理 | ①责任治理<br>②责任沟通<br>③责任推进<br>④责任荣誉 |
| 报告主体 | 黄金荣耀——经济发展 | ①维护国家金融稳定<br>②可持续开发<br>③科技创新<br>④合规经营<br>⑤责任专题 |

续表

| 结构 | 一级标题 | 二级标题 |
|---|---|---|
| 报告主体 | 黄金承诺——绿色环保 | ①绿色管理<br>②绿色生产<br>③绿色矿山<br>④责任专题 |
| | 黄金担当——安全健康 | ①安全生产<br>②安全应急管理<br>③安全教育与培训<br>④职业健康<br>⑤责任专题 |
| | 黄金使命——和谐共赢 | ①员工责任<br>②社区共建<br>③慈善公益<br>④责任专题 |
| 报告后记 | 未来展望 | |
| | 责任绩效表 | |
| | 附录 | ①联合国可持续发展目标<br>②指标体系对照表<br>③术语解释<br>④评级报告<br>⑤意见反馈 |

3. 确定报告指标体系

结合确定的社会责任议题，中国黄金根据行业特点，参考联合国可持续发展目标（SDGs）、全球报告倡议组织（GRI）《可持续发展报告指南》（G4）、国际标准化组织（ISO）《社会责任指南：ISO 26000》、国务院国资委《关于国有企业更好履行社会责任的指导意见》、中国社科院《中国企业社会责任报告编写指南（CASS-CSR4.0）》等标准，建立了完善的社会责任指标体系。该指标体系是衡量权属企业工作实施进展的指标全集。通过对指标的归口管理、定量采集、分析和反馈，可以及时了解企业在履行社会责任工作方面的具体表现。

## （七）发布

截至目前，中国黄金集团有限公司连续8年发布了社会责任报告。

2018年8月31日至9月4日，中国黄金举办历时五天，主题为"五年五星路，黄金责任情"的中国黄金集团有限公司社会责任报告发布系列活动。

**表 8–5　2017 年社会责任报告披露的关键绩效指标**

| | 指标 | | 指标 |
|---|---|---|---|
| 经济发展 | 总资产（万元） | 安全健康 | 安全培训覆盖率（%） |
| | 利润（万元） | | 安全生产投入（万元） |
| | 资产负债率（%） | | 安全生产事故数（起） |
| | 产品合格率（%） | | 员工伤亡人数（人） |
| | 矿产金产量（吨） | | 安全委员会中员工比例（%） |
| | 精炼金产量（吨） | | 职业病发生人数（次） |
| 绿色环保 | 保有资源量（吨） | 和谐共赢 | 员工人数（人） |
| | 环保培训覆盖率（%） | | 吸纳就业人数（人） |
| | 全年能源消耗总量（吨标准煤） | | 参加工会的员工比例（%） |
| | 可再生能源使用量（吨标准煤） | | 女性管理者人数（人） |
| | 矿区生产电耗（万千瓦时） | | 残疾人雇佣人数（人） |
| | 单位产值能耗（吨标准煤/万元产值） | | 少数民族工人（人） |
| | 单位产值水耗（立方米/万元） | | 员工培训力度（人次） |
| | 年度新水用量（万立方米） | | 员工满意度（%） |
| | 中水循环使用量（万立方米） | | 员工流失率（%） |
| | 含硫气体排放量（吨） | | |
| | 含硫气体减排量（吨） | | |

本次活动采用线上线下、多本报告多地多次发布的形式进行。河南中原黄金冶炼厂有限责任公司、贵州锦丰矿业有限公司、内蒙古矿业有限公司、西藏华泰龙矿业开发有限公司分别作为承办单位举办发布会，发布集团公司及本公司2017 年社会责任报告。《中金国际 2017 年环境、社会及管治报告》在西藏华泰龙发布会上同时发布。《西藏华泰龙公司 2017 年社会责任报告》是首次以中文、英文、藏文三种版本同时发布，藏文版报告是国内第一本以少数民族语言发布的社会责任报告。中国黄金 2017 年社会责任 H5 版报告在网上发布。

## （八）总结

中国黄金每年在当年报告编写启动前，在广泛征集内外部利益相关方的意见基础上，对上年度报告编制工作进行总结，有针对性地对报告框架、指标体系、素材收集、整体设计等进行统筹规划，以解决存在的问题和不足，并就报告编制过程中外部专家、地方政府、员工及社区居民等利益相关方给予的关注、意见和建议进行梳理及反馈，实现报告编制工作闭环提升。

# 五、报告评级

## 《中国黄金集团有限公司 2017 社会责任报告》评级报告

受中国黄金集团有限公司委托，"中国企业社会责任报告评级专家委员会"抽选专家组成评级小组，对《中国黄金集团有限公司 2017 社会责任报告》（以下简称《报告》）进行评级。

**一、评级依据**

《中国企业社会责任报告编写指南（CASS-CSR 3.0）之一般采矿业》暨《中国企业社会责任报告评级标准（2018）》。

**二、评级过程**

（1）过程性评估小组访谈《报告》编制组主要成员，并现场审查编写过程相关资料。

（2）评级小组对《报告》编写过程及披露内容进行评价，拟定评级报告。

（3）评级报告提交评级专家委员会副主席及评级小组组长共同签字。

**三、评级结论**

**过程性（★★★★★）**

集团专门成立报告编写指导委员会，由企业管理部牵头成立报告编写工作组，集团董事长任编写指导委员会主任，把控报告方向与关键节点，并对报告进行最终审定；企业将报告定位为满足信息合规披露、提升责任品牌形象、改善企业责任管理的重要工具；制定《中国黄金集团公司社会责任工作制度》，构建了包括全版报告、电子版报告等形式在内的基础报告体系；根据国家宏观政策、公司发展战略、同行业对标、利益相关方沟通等识别实质性议题；计划通过企业官网、专项发布会等途径发布报告，并将以电子版、印刷品、新媒体等形式呈现报告，具有卓越的过程性表现。

**实质性（★★★★★）**

《报告》系统披露了贯彻宏观政策、数字矿山建设、职业健康管理、安全生产、环境管理体系、环保技术和设备的研发与应用、资源储备、节约土地资源、减少"三废"排放、残矿回收、矿区保育、尾矿处理和矿区生态保护等所在行业关键性议题，叙述详细充分，具有卓越的实质性表现。

**完整性（★★★★☆）**

《报告》主体内容从"黄金责任——责任管理""黄金荣耀——经济发展""黄金承诺——绿色环保""黄金担当——安全健康""黄金使命——和谐共赢"等角度系统披露了所在行业核心指标的 87.8%，完整性表现领先。

**平衡性（★★★★★）**

《报告》披露了"供应商受到经济、社会或环境方面的处罚个数""安全生产事故数""员工伤亡人数""职业病发生人数""员工流失率""百万工时可记录伤害事故率"等负面数据信息，并详细阐述"党风廉政建设和反腐败斗争事件"相关处理情况及改进措施，平衡性表现卓越。

**可比性（★★★★★）**

《报告》披露了"总资产""矿产金产量""保有资源量""研发投入""环保总投资""矿区回采率""安全培训覆盖率""员工总数""纳税总额"等 45 个关键指标连续 3 年以上的数据，并就"社会责任发展指数排名""黄金综合回收基地规模排名""全球主要产金企业排名"等数据进行横向比较，具有卓越的可比性表现。

**可读性（★★★★★）**

《报告》章节页均采用实景大图，融合企业主营业务元素，既凸显了行业特色，又提升了报告的辨识度；各章节均设置"责任专题"板块，重点呈现企业在关键议题上的履责实践和成效，提升了报告的悦读性和趣味性；章节跨页嵌入叙述性引言，提纲挈领，利于读者快速了解章节内容；设置"术语解释"板块，解读行业专业术语，增强了报告的易读性；开篇嵌入"黄金之歌"板块，凸显了企业履责愿景与使命，彰显了企业的履责追求和责任担当，具有卓越的可读性表现。

**创新性（★★★★★）**

《报告》开篇设置"不忘初心抓党建　砥砺前行铸新篇"和"全力决胜脱贫攻坚　携手共创美好生活"年度专题章节，积极响应国家大政方针，聚焦企业履责重点，彰显了中央企业的责任担当；创新关键绩效表呈现形式，融入企业主营业务元素，凸显了企业履责亮点绩效；设置"黄金传承"特色板块，聚焦企业历年重点事件，回应利益相关方期望，彰显了企业的责任引领；多处采用第三方证言，呈现企业履责成效，强化了报告编制的公信力；参与编修《中国企业社会责任报告编写指南（CASS-CSR4.0）之一般采矿业》，利于进一步增强企业责任管理水平和推动行业可持续发展，创新性表现卓越。

**综合评级（★★★★★）**

经评级小组评价，《中国黄金集团有限公司 2017 社会责任报告》为五星级，是一份卓越的企业社会责任报告。

**四、改进建议**

增加行业核心指标的披露，提高报告的完整性。


评级小组

组长：中国社科院企业社会责任研究中心主任　钟宏武

成员：国务院国资委综合局社会责任处处长　张晓松

　　　过程性评估员　杨　静


评级专家委员会副主席　魏紫川　　评级小组组长　钟宏武

**扫码查看企业评级档案**

# 附　录

# 一、参编机构

## （一）中国社会科学院经济学部企业社会责任研究中心

中国社会科学院经济学部企业社会责任研究中心（以下简称"中心"）成立于 2008 年 2 月，是中国社会科学院经济学部主管的研究机构。著名经济学家、国家金融与发展实验室主任、中国社科院经济学部主任李扬研究员任中心理事长，中国社科院工业经济研究所所长黄群慧研究员任中心常务副理事长，中国社科院社会发展战略研究院副研究员钟宏武博士任主任。中国社会科学院、国务院国资委、人力资源和社会保障部、中国企业联合会、中国人民大学、国内外大型企业的数十位专家、学者担任中心理事。

中心以"中国特色、世界一流"为目标，积极践行研究者、推进者和观察者的责任：

● 研究者：中心积极开展中国企业社会责任问题的系统理论研究，研发颁布《中国企业社会责任报告编写指南（CASS–CSR1.0/2.0/3.0/4.0）》，组织出版《中国企业社会责任文库》，促进中国特色的企业社会责任理论体系的形成和发展。

● 推进者：为政府部门、社会团体和企业等各类组织提供咨询和建议；主办"中国企业社会责任研究基地"；开设中国社科院研究生院 MBA 《企业社会责任》必修课，开展社会责任培训，传播社会责任理论知识与实践经验；组织、参加各种企业社会责任研讨交流活动，分享企业社会责任研究成果。

● 观察者：每年出版《中国企业社会责任蓝皮书》，跟踪记录上一年度中国企业社会责任理论和实践的最新进展；持续发布《中国企业社会责任报告白皮书》，研究记录我国企业社会责任报告的阶段性特征；制定、发布、推动《中国企业社会责任报告评级》；组织分享责任——中国行/世界行调研活动。

## 研究业绩

**【课题】**

1. 国务院扶贫办：《企业精准扶贫案例研究》，2018 年。

2. 国务院国资委：《中央企业社会责任蓝皮书》，《中央企业海外社会责任蓝皮书》，2018 年。

3. 国务院国资委：《中央企业社会责任蓝皮书》，《中央企业海外社会责任研究》，2017 年。

4. 国务院扶贫办：《促进企业参与精准扶贫机制研究》，2017 年。

5. 国家发改委：《"一带一路"与海外企业社会责任》，2015 年。

6. 工业和信息化部：《责任制造——以社会责任推动"中国制造 2025"》，2015 年。

7. 国务院国资委：《中央企业海外社会责任研究》，2014 年。

8. 国务院国资委：《中央企业社会责任优秀案例研究》，2014 年。

9. 国家食药监局：《中国食品药品行业社会责任信息披露机制研究》，2014 年。

10. 国土资源部：《矿山企业社会责任评价指标体系研究》，2014 年。

11. 中国保监会：《中国保险业社会责任白皮书》，2014 年。

12. 全国工商联：《中国民营企业社会责任研究报告》，2014 年。

13. 陕西省政府：《陕西省企业社会责任研究报告》，2014 年。

14. 国土资源部：《矿业企业社会责任报告制度研究》，2013 年。

15. 国务院国资委：《中央企业社会责任优秀案例研究》，2013 年。

16. 中国扶贫基金会：《中资海外企业社会责任研究》，2012~2013 年。

17. 北京市国资委：《北京市属国有企业社会责任研究》，2012 年 5~12 月。

18. 国资委研究局：《企业社会责任推进机制研究》，2010 年 1~12 月。

19. 国家科技支撑计划课题：《〈社会责任国际标准风险控制及企业社会责任评价技术研究〉任务》，2010 年 1~12 月。

20. 深交所：《上市公司社会责任信息披露》，2009 年 3~12 月。

21. 中国工业经济联合会：工信部制定《推进企业社会责任建设指导意见》前期研究成果，2009 年 10~12 月。

22. 中国社科院：《灾后重建与企业社会责任》，2008 年 8 月至 2009 年 8 月。

23. 中国社科院：《海外中资企业社会责任研究》，2007 年 6 月至 2008 年 6 月。

24. 国务院国资委：《中央企业社会责任理论研究》，2007 年 4~8 月。

【专著】

1.《中国企业社会责任报告指南基础框架（CASS-CSR4.0）》，经济管理出版社 2017 年版。

2.《中国企业扶贫研究报告（2017)》，经济管理出版社 2017 年版。

3.《中国企业公益研究报告（2017)》。

4.《中国企业应对气候变化自主贡献研究报告（2017)》，经济管理出版社 2017 年版。

5.《中资企业海外社会责任研究报告（2016~2017)》，社会科学文献出版社 2017 年版。

6.《中国企业扶贫研究报告（2016)》，社会科学文献出版社 2016 年版。

7.《中国企业公益研究报告（2016)》，社会科学文献出版社 2016 年版。

8.《中国企业社会责任年鉴（2016)》，经济管理出版社 2016 年版。

9.《中国企业社会责任研究报告（2016)》，社会科学文献出版社 2016 年版。

10.《上海上市公司社会责任研究报告（2016)》，经济管理出版社 2016 年版。

11.《汽车企业社会责任蓝皮书（2016)》，经济管理出版社 2016 年版。

12.《企业公益报告编写指南 3.0》，经济管理出版社 2016 年版。

13.《中国企业社会责任报告（2015)》，经济管理出版社 2015 年版。

14.《中国企业公益研究报告（2015)》，社会科学文献出版社 2015 年版。

15.《中国企业社会责任研究报告（2015)》，社会科学文献出版社 2015 年版。

16.《上海上市公司社会责任研究报告（2015)》，经济管理出版社 2015 年版。

17.《中国企业社会责任报告（2014)》，经济管理出版社 2015 年版。

18.《中国企业社会责任研究报告（2014)》，社会科学文献出版社 2015 年版。

19.《企业社会责任负面信息披露研究》，经济管理出版社 2015 年版。

20.《中国企业公益研究报告（2014)》，经济管理出版社 2015 年版。

21.《中国企业社会责任报告编写指南 3.0 之石油化工业》，经济管理出版社 2015 年版。

22.《中国企业社会责任报告白皮书（2013）》，经济管理出版社 2014 年版。

23.《中国企业社会责任研究报告（2013）》，社会科学文献出版社 2014 年版。

24.《中国企业社会责任报告编写指南（CASS-CSR3.0)》，经济管理出版社 2014 年版。

25.《中国企业社会责任报告编写指南 3.0 之钢铁业》，经济管理出版社 2014 年版。

26.《中国企业社会责任报告编写指南 3.0 之仓储业》，经济管理出版社 2014 年版。

27.《中国企业社会责任报告编写指南 3.0 之电力生产业》，经济管理出版社 2014 年版。

28.《中国企业社会责任报告编写指南之家电制造业》，经济管理出版社 2014 年版。

29.《中国企业社会责任报告编写指南之建筑业》，经济管理出版社 2014 年版。

30.《中国企业社会责任报告编写指南之电信服务业》，经济管理出版社 2014 年版。

31.《中国企业社会责任报告编写指南之汽车制造业》，经济管理出版社 2014 年版。

32.《中国企业社会责任报告编写指南之煤炭采选业》，经济管理出版社 2014 年版。

33.《中国企业社会责任报告编写指南之一般采矿业》，经济管理出版社 2014 年版。

34.《中国企业社会责任案例》，经济管理出版社 2014 年版。

35.《中国国际社会责任与中资企业角色》，社会科学出版社 2013 年版。

36.《企业社会责任基础教材》，经济管理出版社 2013 年版。

37.《中国可持续消费研究报告》，经济管理出版社 2013 年版。

38.《中国企业社会责任研究报告（2012）》，社会科学文献出版社 2012 年版。

39.《中国企业社会责任报告白皮书（2012）》，经济管理出版社 2012 年版。

40.《中国企业社会责任研究报告（2011）》，社会科学文献出版社 2011 年版。

41.《中国企业社会责任报告编写指南（CASS-CSR2.0)》，经济管理出版社2011年版。

42.《中国企业社会责任报告白皮书（2011)》，经济管理出版社2011年版。

43.《企业社会责任管理体系研究》，经济管理出版社2011年版。

44.《分享责任——中国社会科学院研究生院MBA"企业社会责任"必修课讲义集（2010)》，经济管理出版社2011年版。

45.《中国企业社会责任研究报告（2010)》，社会科学文献出版社2010年版。

46.《政府与企业社会责任——国际经验和中国实践》，经济管理出版社2010年版。

47.《中国企业社会责任研究报告（2009)》，社会科学文献出版社2009年版。

48.《中国企业社会责任报告编写指南（CASS-CSR1.0)》，经济管理出版社2009年版。

49.《中国企业社会责任发展指数报告（2009)》，经济管理出版社2009年版。

50.《慈善捐赠与企业绩效》，经济管理出版社2007年版。

【论文】

在《经济研究》《中国工业经济》《人民日报》《光明日报》等刊物上发表论文数十篇。

【专访】

接受中央电视台、中央人民广播电台、人民网、新华网、光明网，凤凰卫视，法国24电视台等数十家媒体专访。

## （二）责任云社会责任机构

责任云（CSR Cloud）坚持社会责任领域的研究、咨询、设计、传播、公关五环战略，为企业提供社会责任的一站式解决方案。机构拥有5大事业部，16个项目部，上海分支机构、天津分支机构以及"创意云"设计公司。机构拥有国内最早从事社会责任研究、咨询的专业团队，并与中国社会科学院、清华大学、中国人民大学、对外经贸大学等高校的研究团队建立了长期合作关系。

机构合作伙伴包括中国石化、华润集团、国投集团、中国电建、阿里巴巴、伊利集团、中国三星、松下（中国）等百余家世界500强企业。

## 2018 年工作计划——企业智囊

| 责任报告 | |
| --- | --- |
| 社会责任报告编写 | 完成华润集团、阿里巴巴等 200 余份 CSR 报告 |
| 专项报告编写 | 为中国石化、中国铝业公司等 20 余家企业编制公益、扶贫、环境等专项报告 |

| 责任管理 | |
| --- | --- |
| 优秀案例评选/案例集 | 为韩国大使馆、华电集团等 10 余家机构提供社会责任优秀案例评选服务，并出版案例集 |
| 定制化社会责任培训 | 为中国电科、中国黄金等 20 余家企业开展企业社会责任内训 |

| 设计传播 | |
| --- | --- |
| 报告设计印刷 | 为中国石化、现代汽车等 30 余家公司社会责任报告提供报告设计 |
| 影像志拍摄 | 为中国电建、国家开发投资公司等机构提供海外或专项影像视频记录 |
| H5 制作 | 为中国兵器工业、中国三星、华润医药等 20 余家公司提供 H5 报告设计制作 |
| 会务会展 | 为中国华电、中国华能等公司策划、执行报告发布会或责任展览 |
| 责任云传播 | 运营中星责任云微信，粉丝过万，传播行业动态、责任故事 |
| 活动宣传 | 与新华网、中国网、国资小新等媒体深度合作，宣传报道责任活动 |

| 评级评价 | |
| --- | --- |
| 社会责任报告评级 | 为申请评级客户出具权威评级报告，已出具 321 份评级报告 |
| 公益项目评估 | 为企业的公益项目提供评估服务，并出具评估报告 |

## 2018 年工作计划——行业智库

| 行业研究 | | |
| --- | --- | --- |
| 社会责任报告编写指南 4.0 | 邀请电力、汽车、电子、石化、煤炭等行业协会、行业领先企业共同编修分行业、分议题社会责任报告编写指南 | 全年 |
| 委托课题 | 国务院国资委委托课题——中央企业社会责任蓝皮书 | 1 月 |
| 蓝皮书系列 | 企业社会责任蓝皮书 2018 | 4~10 月 |
| | 企业公益蓝皮书 2018 | 5~11 月 |
| | 企业扶贫蓝皮书 2018 | 5~10 月 |
| | 汽车行业社会责任蓝皮书 2018 | 4~10 月 |
| | 海外社会责任蓝皮书 2018 | 5~12 月 |
| | 上海上市公司社会责任蓝皮书 2018 | 5~12 月 |
| 中国企业社会责任报告白皮书 | 逐份深入研究企业社会责任报告，发布中国企业社会责任报告的趋势 | 8~12 月 |
| 中国企业社会责任年鉴 2017 | 与新华网合作，汇编中国企业社会责任重要时事、文献 | 7~12 月 |

续表

| 人才培养 | | |
| --- | --- | --- |
| 分享责任——中国企业社会责任公益讲堂 | 国内最权威、最前沿的社会责任经理人公益培训平台 | 8 月 |
| 企业社会责任教材 | 编制《中国企业社会责任基础教材（第二版）》及《中国企业社会责任基础教程案例集》 | 1~12 月 |
| 百人论坛 | | |
| 百人论坛——第六届分享责任年会论坛 | 发布社会责任白皮书/社会责任年鉴 | 8 月 |
| 百人论坛——主题论坛 | 精准扶贫、应对气候变化等主题论坛 | 3 月、6 月、9 月 |
| 百人论坛——蓝皮书发布会 | 社会责任蓝皮书发布会 | 11 月 |

# 二、支持单位

中国黄金集团有限公司。

# 三、参考文献

## （一）国际社会责任标准与指南

［1］全球可持续发展标准委员会（GSSB）《GRI 可持续发展报告标准》（GRI Standards），2018 年。

［2］国际标准化组织（ISO）：《社会责任指南：ISO26000》，2010 年。

［3］联合国全球契约组织：《全球契约十项原则》。

［4］联合国：联合国可持续发展目标（SDGs），2015 年。

［5］国际审计与鉴证准则委员会（IAASB）：ISAE3000。

［6］Accountability：AA1000 原则标准（AA1000APS）、AA1000 审验标准（AA1000AS）和 AA1000 利益相关方参与标准（AA1000SES）。

［7］国际综合报告委员会（IIRC）：整合报告框架（2013）。

［8］国际石油工业环境保护协会（IPIECA）、美国石油学会（API）：《石油和天然气行业可持续发展报告指南》。

［9］国家标准化管理委员会：GB/T36000–2015《社会责任指南》，2015 年。

## （二）国家法律法规及政策文件

［10］《中华人民共和国宪法》及各修正案。

［11］《中华人民共和国公司法》。

［12］《中华人民共和国合伙企业法》。

［13］《中华人民共和国个人独资企业法》。

［14］《中华人民共和国中外合资经营企业法》。

［15］《中华人民共和国价格法》。

［16］《中华人民共和国反洗钱法》。

［17］《中华人民共和国税收征收管理法》。

［18］《中华人民共和国劳动法》。

［19］《中华人民共和国劳动合同法》。

［20］《中华人民共和国劳动争议调解仲裁法》。

［21］《中华人民共和国社会保险法》。

［22］《中华人民共和国妇女权益保障法》。

［23］《中华人民共和国职业病防治法》。

［24］《中华人民共和国工会法》。

［25］《中华人民共和国就业促进法》。

［26］《中华人民共和国科技成果转化法》。

［27］《中华人民共和国产品质量法》。

［28］《中华人民共和国技术合同法》。

［29］《中华人民共和国专利法》。

［30］《中华人民共和国著作权法》。

［31］《中华人民共和国环境保护法》。

［32］《中华人民共和国水污染防治法》。

［33］《中华人民共和国大气污染防治法》。

[34]《中华人民共和国固体废物污染环境防治法》。

[35]《中华人民共和国环境噪声污染防治法》。

[36]《中华人民共和国清洁生产促进法》。

[37]《中华人民共和国水法》。

[38]《中华人民共和国节约能源法》。

[39]《中华人民共和国野生动物保护法》。

[40]《中华人民共和国慈善法》。

[41]《安全生产培训管理办法》。

[42]《安全生产行业标准管理规定》。

[43]《安全生产违法行为行政处罚办法》。

[44]《职工带薪年休假条例》。

[45]《禁止使用童工规定》。

[46]《女职工劳动保护规定》。

[47]《工伤保险条例》。

[48]《劳动防护用品管理规定》。

[49]《安全生产许可证条例》。

[50]《集体合同规定》。

[51]《最低工资规定》。

[52]《生产安全事故报告和调查处理条例》。

[53]《中华人民共和国企业劳动争议处理条例》。

[54]《中国共产党党内监督条例（试行)》。

[55]《中国共产党纪律处分条例》。

[56]《污染源监测管理办法》。

[57]《环境标准管理办法》。

[58]《环境保护行政处罚办法》。

[59]《化学危险物品安全管理条例》。

[60]《危险化学品安全管理条例》。

[61]《危险废物贮存污染控制标准》。

[62]《中共中央关于全面深化改革若干重大问题的决定》。

[63]《中共中央关于全面推进依法治国若干重大问题的决定》。

[64]《中共中央关于制定国民经济和社会发展第十三个五年规划的建议》。

[65]《中央企业履行社会责任的指导意见》。

[66]《中央企业"十二五"和谐发展战略实施纲要》。

[67]《中央企业负责任经营业绩考核办法》。

[68]《关于全面推进法治央企建设的意见》。

[69]《关于深化国资国企改革促进发展的意见》。

[70]《关于加强中央企业品牌建设的指导意见》。

[71]《关于促进创业投资持续健康发展的若干意见》。

[72]《企业绿色采购指南（试行）》。

[73]《黄金行业绿色矿山建设规范》。

[74]《冶金行业绿色矿山建设规范》。

[75]《有色金属行业绿色矿山建设规范》。

[76]《非金属行业绿色矿山建设规范》。

[77]《非煤矿山安全生产"十三五"规划》。

[78]《"十三五"资源领域科技创新专项规划》。

[79]《固体矿产绿色矿山建设指南（试行）》。

[80]《全国矿产资源规划（2016~2020 年)》。

[81]《中国对外矿业投资行业社会责任指引》。

[82]《上海证券交易所上市公司环境信息披露指引》。

[83]《深圳证券交易所上市公司社会责任指引》。

[84]《香港联合交易所环境、社会及管治报告指引》。

## （三）社会责任研究文件

[85] 中国社会科学院经济学部企业社会责任研究中心：《中国企业社会责任报告评级标准 2018》，2018 年。

[86] 中国社会科学院经济学部企业社会责任研究中心：《中国企业社会责任报告编写指南（CASS–CSR4.0)》，2017 年。

[87] 中国社会科学院经济学部企业社会责任研究中心：《中国企业社会责任研究报告 2009/2010/2011/2012/2013/2014/2015/2016/2017》，社会科学文献出版社。

[88] 中国社会科学院经济学部企业社会责任研究中心：《中国企业社会责任

报告白皮书 2011/2012/2013/2014/2015/2016/2017》，经济管理出版社。

[89] 中国社会科学院经济学部企业社会责任研究中心：《企业社会责任基础教材》，经济管理出版社 2013 年版。

[90] 彭华岗等：《企业社会责任管理体系研究》，经济管理出版社 2011 年版。

[91] 国家电网公司《企业社会责任指标体系研究》课题组：《企业社会责任指标体系研究》，2009 年 3 月。

[92] 殷格非、李伟阳：《如何编制企业社会责任报告》，2008 年。

[93] 李伟阳、肖红军、邓若娟：《企业社会责任管理模型》，经济管理出版社 2012 年版。

## (四) 企业社会责任报告

[94]《力拓集团 2017 年可持续发展报告》，2018 年。

[95]《必和必拓 2017 年可持续发展报告》，2018 年。

[96]《嘉能可 2017 年可持续发展报告》，2018 年。

[97]《淡水河谷 2017 年可持续发展报告》，2018 年。

[98]《中国黄金集团有限公司 2017 年度社会责任报告》，2018 年。

[99]《中国有色矿业集团有限公司 2016 年度社会责任报告》，2017 年。

[100]《中钢集团 2016 年度社会责任报告》，2017 年。

[101]《铜陵有色 2017 年度社会责任报告》，2018 年。

[102]《中国冶金科工 2017 年度社会责任报告》，2018 年。

[103]《贵州开磷控股集团 2017 年度社会责任报告》，2018 年。

[104]《云南铝业股份有限公司 2017 可持续发展报告》，2018 年。

[105]《中国五矿集团 2016 年度社会责任报告》，2017 年。

[106]《中国铝业 2017 年度社会责任报告》，2018 年。

[107]《云南铜业 2017 年度社会责任报告》，2018 年。

[108]《贵州锦丰 2016 年度企业社会责任报告》，2017 年。

[109]《紫金矿业集团 2017 年度社会责任报告》，2018 年。

[110]《河南豫光金铅 2017 年度企业社会责任报告》，2018 年。

# 后　记

　　2009 年 12 月，中国社科院经济学部企业社会责任研究中心发布了中国第一份企业社会责任报告本土编写指南——《中国企业社会责任报告编写指南（CASS-CSR1.0）》（简称《指南 1.0》）。随着企业社会责任的持续发展，为了保持报告编写指南的生命力，指南更新升级一直在路上：2011 年 3 月发布《中国企业社会责任报告编写指南（CASS-CSR2.0）》（简称《指南 2.0》），2014 年 1 月发布《中国企业社会责任报告编写指南（CASS-CSR3.0）》（简称《指南 3.0》）。《指南 3.0》完成了引导我国企业社会责任从"报告内容"到"报告管理"的转变，截至 2017 年底，参考《指南 3.0》编写社会责任报告的企业数量已经接近 400 家。

　　近年来，联合国可持续发展目标（SDGs）、中国社会责任国家标准（GB/T36000）和中国香港联交所《环境、社会及管治（ESG）报告指引》等重要标准、倡议相继颁布实施。为提升《指南》国际性、包容性和引领性，2016 年 7 月，《中国企业社会责任报告编写指南（CASS-CSR4.0）》（简称《指南 4.0》）专家研讨会在中国社会科学院召开，20 余名权威专家参加了研讨会；2016 年 9 月，《指南 4.0》编制启动会在北京召开，来自政府、企业、NGO、科研单位等机构约 150 名代表出席了启动会。2017 年 9 月，《指南 4.0》专项调研走进韩国现代汽车集团。历时一年多，《指南》成功升级到 4.0 版本。

　　作为《中国企业社会责任报告编写指南（CASS-CSR4.0）》丛书的分行业指南，《中国企业社会责任报告编写指南之一般采矿业》的编制历时大半年，期间编写组多次与中国黄金集团有限公司沟通访谈，征集意见和建议，并于 2018 年 6 月召开专家研讨会，邀请行业专家对本书内容及指标进行意见指导。本书是集体智慧的结晶，全书由汪杰、黄晓娟、聂霄萌等共同撰写，中国黄金集团有限公司主导第八章的写作。全书由汪杰审阅、修改和定稿。

中国企业社会责任报告编写指南系列将不断修订、完善，希望各行各业的专家学者、读者朋友不吝赐教，共同推动我国企业社会责任更好更快的发展。

**课题组**

2018 年 8 月